文化昆明

五华

WENHUA KUNMING
WUHUA

滇云首府　人文中心

总策划　程连元　王喜良

主　编　金幼和

本卷主编　李劲　徐静

云南出版集团　云南人民出版社

WENHUA KUNMING WUHUA

五华

图书在版编目（CIP）数据

文化昆明 . 五华 / 李劲，徐静主编 . -- 昆明：云
南人民出版社，2020.3
ISBN 978-7-222-17373-6

Ⅰ . ①文… Ⅱ . ①李… ②徐… Ⅲ . ①文化史 – 昆明
Ⅳ . ① K297.41

中国版本图书馆 CIP 数据核字 (2020) 第 012792 号

出 品 人： 赵石定
责任编辑： 刘　焰　雷啟星
创意设计： 熊小熊　李乐乐
责任校对： 姚实名
责任印制： 窦雪松

文化昆明·五华

主编： 李　劲　徐　静
出版： 云南出版集团　云南人民出版社　　**// 发行：** 云南人民出版社
社址： 昆明市环城西路 609 号　　　　　　**// 邮编：** 650034
网址： www.ynpph.com.cn　　**// E-mail：** ynrms@sina.com

开本： 787mm×1092mm　1/16　**// 印张：** 17.5　**// 字数：** 251 千
版次： 2020 年 3 月第 1 版第 1 次印刷
印刷： 云南出版印刷集团有限责任公司　云南新华印刷一厂

书号： ISBN 978-7-222-17373-6　　**// 定价：** 79.00 元

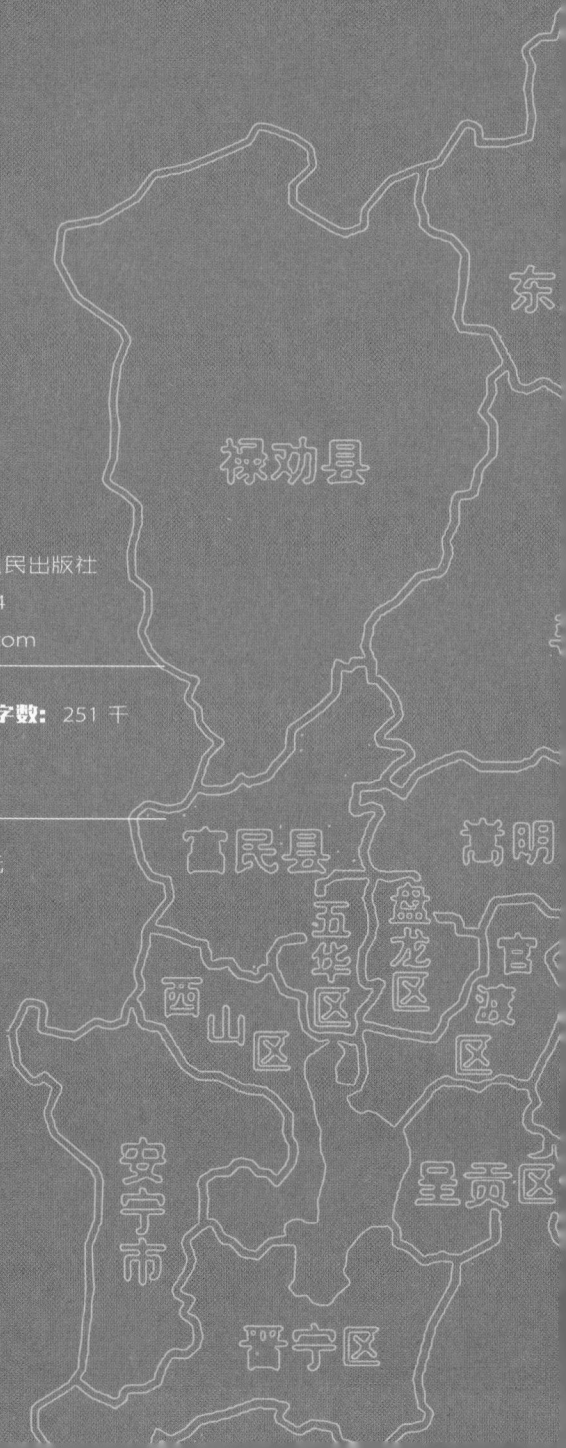

总 序

历史名城　异彩绽放

　　云南省省会昆明，地处中国西南边陲，有"春城"之美称，是一座有着悠久历史和奇特自然风光的诗意之城。国务院 1982 年公布首批 24 座历史文化名城，昆明就以其优势位列其中，尽展风采。翻开这套精美的"文化昆明"丛书，可以让你尽览其内涵的丰富和博大，满足你对昆明文化的追思与怀想。

　　转眼之间，昆明已经走过 1240 多年的漫漫历程。它古老而年轻，传统而时尚，在时光中积淀下丰富多元的文化底蕴，向世界展示出"历史文化名城"的奇特风姿。它三面环山，南依滇池，在历史的波涛中经历岁月变换。上天垂怜，这里天高云淡，彩云南现。花在这里四季不谢，风过这里温暖如春。

　　"春城"之名，名副其实。

　　早在 2000 多年前，昆明就是"南方丝绸之路"的重要陆路枢纽，连接起中国和世界的友好往来。当今盛世，它又重振开拓进取的雄风，成为中国面向南亚、东南亚开放的门户城市。它浓缩了云南省的区位优势，集中体现了云南的美丽、神奇和多姿。它是国家历史名城，也是中国重要的旅游、商贸城市。在昆明获得的众多荣誉中，近年新获的这几项尤其能说明它的独特优势：2016年中国十佳绿色生态旅游城市、2016年中国最具魅力宜居宜业宜游旅游城市、2017年世界春城十佳、2017年中国年度文化影响力城市……昆明正在以出色的自然生态环境和深厚的文化底蕴，向世界展示历史文化名城的特殊魅力。

历史是一幅壮丽长卷，展开这幅长卷，你将会看到昆明这座历史名城的前世今生，感受到它的风起云涌、波澜壮阔。它在时间中一路走来，历经岁月风霜，积淀下厚重的人文传统。"文化昆明"丛书就是为了展示昆明文化风采而作的一部大气之作。翻开它的书页，将引领你进入一个古老博大、丰富多彩的昆明。你会看到，在岁月帷幄后面，昆明收藏着一部部风云传奇。

早在数千年前的漫漫时光中，古滇国人就开始依傍滇池筑城。一座苴兰城，在历史的天幕上熠熠生辉，留下几多风中传奇，为昆明开启了一扇文明之门。后来又历经汉代的谷昌城、南诏的拓东城、大理国时期的鄯阐城、元代的鸭池（或中庆城）……城市的身影在历史的烟云中起伏，文明之光在时间长河中闪耀。一路走来，至明代的"龟蛇之城"，终于奠定今天昆明城的基础和风貌。那些承载着昆明历史与传奇的事物，至今还在历史舞台上演绎着不息的传说。

翻开"文化昆明"丛书的书页，历史画面如风如雾，岁月足音隐隐可闻。金马扬蹄碧鸡欲飞，五华风烟谱一代传奇。你会发现，昆明的每一段历史都和国家命运紧密相连；每一张书页中，都有生动的故事随风传扬。重九起义、护国运动，写下不朽历史篇章；蜿蜒跌宕的滇越铁路、滇缅公路，带着使命从昆明出发，谱写下时代风云传奇；滇军台儿庄抗战从昆明启程，西南联大入滇到昆明集合，历史见证着昆明对国家、民族的无私奉献……

昆明是云南的中心，也是历史风云的大舞台。穿过时光隧道，可以窥见历史波光潮起潮落，永不沉寂。真正是叹不尽数千年往事，写不尽代代英雄辈出。

有着悠久历史的昆明，不但有厚重的历史文化底蕴，还有无数美丽动人的自然风光。立体多元的气候条件和自然资源，更是昆明得天独厚的优势。

水，滋养了昆明古老的历史，也创造了昆明文化的精神：博大、包容、温润、丰厚，是一座城市发展进步的精神底蕴。滇池是全国第六大淡水湖，辽阔五百里，风光无限好，如同一面明镜，为昆明带来"波光潋滟三千顷，莽莽群山抱古城"的美景。它是昆明的母亲湖，更是昆明历史文化的重要源泉。盘龙江等河流从四面注入其中，汇聚成一个壮观的高原之"海"。它收纳昆明的历史光影于波光涛影中，见证着时间岁月的悠久绵长。它养育了古滇国的厚重，创造过古滇文化的奇观。从昆明穿城而过的盘龙江，则如同一条蜿蜒长龙，书写下昆明现实发展的壮丽长卷。

山，是昆明的屏障，昆明的筋骨，支撑起厚重的历史与文化。耸立的山峰，是昆明精神的另一种写照，象征着坚强的意志与不屈的努力进取。群山拱卫昆明，守护着中国西南这片边远辽阔的美丽疆土。立足滇池，放眼四方，"东骧神骏，西翥灵仪，北走蜿蜒，南翔缟素"。山是昆明文化精神的另一个侧面，它代表着坚毅、刚强，以千万年的沉默，矗立成一种不屈的精神。

如此多情山水，养育了昆明的花，风情万种，四季不谢。花是昆明人温婉、多情性格的体现，也是昆明这座城市热情、开放、进取精神的象征。"不要人夸好颜色，只留清气满乾坤。"无论哪个季节来到昆明都有鲜花盛开，每个角落都会给人充满温馨的享受。近年来，斗南的鲜花市场在努力进取中崛起，以花色缤纷、花市多姿而闻名世界，为昆明这座"花之都"平添异彩。

昆明的自然景观丰富多元，人文创造相得益彰。在历史长河中，昆明一直在努力奋进，奋勇拼搏，追赶着时代前进的步伐。它由民国时期的 4.49 平方公里，发展到今天的 21473 平方公里，就是最好的证明。如今的昆明下辖 7 区 6 县 1 市，其省会城市的规模和风姿独放异彩。每一个区、县、市，都已经形成自己独特的特色和优势，共同构成一个多元、开放、进步的新昆明。放眼之处，五华拥翠，盘龙蜿蜒，官渡涛涌，西山苍劲，主城的四个区，历史悠久，风景独异，拱卫出昆明的内核和精神气蕴。

"中国花卉第一县"的呈贡区，这里不仅有驰名天下的斗南花市，还是中国著名的蔬菜生产基地。大学城的建成，更为它增添了浓厚的文化意蕴。地处昆明东北部的"天南铜都"东川区，则以红土地的神奇壮美闻名于世，描绘了一幅壮丽的自然画卷。位于滇池之畔的晋宁区，有深沉厚重的历史底蕴。它是古滇王国的发源地，青铜文化的古老摇篮。富民县素有"滇北锁钥"之美称，默默守卫着昆明北大门。嵩明县收获了"滇中粮仓""花灯之乡""龙狮之乡"之美誉。寻甸回族彝族自治县，红军长征在柯渡留下了红色遗迹，向后人昭示着一种开拓进取的精神。石林县有"云南石林世界地质公园"，宜良县有"九乡风景区"，每一处都是大自然的鬼斧神工，也是闻名天下的自然奇观。禄劝彝族苗族自治县境内的"乌蒙轿子雪山省级自然风景保护区"，苍峰雪顶，珍奇遍地，也是一处神奇险峻的自然杰作。距昆明 32 公里的安宁市，历史悠久，有"螳川宝地，连然金方"之美誉。2017 年 11 月，安宁市又力挫群雄，荣获"全国文明城市"荣誉称号。

今日的昆明开拓进取，成果卓著。触目处有花香遍地，鸥鸟欢鸣；举头望长空雁叫，银鸟翱翔。还有一条条高铁线路，如风如电，连接起八方美景。一个立足西南、放眼世界的新昆明，正在时代征程中尽展风姿。

自然风光旖旎多姿，人文精神源远流长，二者互相映衬，在长长的时间轨迹中塑造了昆明文化的基本精神：丰富多元，立体多姿；开拓进取，敢为人先。它为昆明在新时代的发展进步，奠定一片厚重背景。

文化是一块土地千百年历史精华的凝聚，是无数人心血和汗水的创造。文化也是当代人的精神家园，是一座城市的根脉所在。作为一个地处边疆、多民族共居的城市，作为一个承载着丰富时代内涵的省会城市，昆明的魅力不言而喻，它是中国西南大地上一块闪烁着五彩奇光的瑰宝。

优秀的传统文化，是经过时间之网过滤之后的岁月精华，是一代代人心血和精神的凝聚，也是一个时代创新发展的源泉和根基，一块土地的根脉之所在。有了文化的滋养，一座城市才能在前进征程中焕发新光彩，激发前进的动力。优秀的传统文化，也是不可再生的精神资源，需要我们怀着敬畏之心去学习和传承。

人们怀念老昆明，就是对优秀传统文化的追思与怀想。它们是那些从时间之页上流走的古老日子，既有风云变幻构成的宏大篇章，也有日常生活的平凡与诗意。诸如传说中"昆明八景"的瑰丽，滇池浪尖的鱼跃，盘龙江畔花灯的悠远，还有西山龙门的险峻，南屏街梧桐的婆娑，正义路灯火的璀璨……

翻开"文化昆明"丛书，它可以满足你对传统和现实的审美需求，可以展现给你昆明多姿的侧面和丰富的内涵。组织编写这套丛书，是本着一种对历史负责的态度，对子孙后代负责的精神，对昆明文化内涵的一次集中梳理与总结。同时，这也是在历史长河中捡拾珍珠的过程，把它们连接成一串闪光的珠串。

用历史的眼光、文化的视觉、文学艺术的手法、文化大散文的表现方式，来展现昆明的文化，让昆明的历史和特色生动形象地彰显于世，这是组织者的良苦用心。多姿多彩的文本，行云流水的文字，是昆明众多文人才子精神智慧和文学才华的倾情奉献。

一套"文化昆明"丛书，将昆明历史文化的精华囊括其中。每一页都有岁月之光在闪耀，每一册都有珍珠珍藏其中。翻开它，你可以从滇池涛声中谛听古老岁月的悠悠回声；进入它，你可以展望新昆明的辽阔远景。古老悠久的文化传统，如同川流不息的盘龙江，滋润着昆明这块古老、开放的土地，引领它创造更加美好的未来。

序 言

　　历史文化名城昆明城中，最有名的水域应该是被当代著名作家汪曾祺称为"昆明的眼睛"的翠湖，而最有名的山是城市中心的制高点五华山。这山水虽然不大，却在昆明的人文历史上分量极重。深了去讲，昆明的山水格局与昆明"北走蜿蜒"的"龙脉"长虫山以及"五百里"浩渺滇池的地质、地貌紧密相关。沧海桑田，经历了数千年历史的沉淀与变迁，"数千年往事，注到心头"，历史文化名城丰赡的历史文化、民族文化、风流人物……数不胜数，早已被造化的大手，点石为金，成为昆明城金光灿烂的金字招牌，令人心生自豪，"喜茫茫"其"空阔无边"！而这"金字招牌"上最亮的两个山水亮点，就是翠湖和五华山。

　　因缘际会，翠湖与五华山都集中分布在昆明的五华区，当然，昆明的历史文化，甚至包括政治、经济、商业、教育等等，都集中在了五华区。故五华区素有昆明"首善之区"的美誉。1956年9月，经历昆明和平解放后昆明市、区两级人民政府从八区到五区的分分合合，原第二、第四两区合并，以境内五华山而命名的五华区（五华区人民委员会）正式登上了历史舞台。40多年过去，随着21世纪的到来，社会发展日新月异，当年的城郊概念早已打破，昆明已经或正在成为新型的现代化城市，城郊的概念限制了现代化城市的发展，昆明要在新时代重现"壮丽大城"（马可·波罗语）的辉煌，必须打破城乡的限制，出于政治、经济、文化等等和谐与平衡发展的要求，昆明市四个核心区（五华、盘龙、官渡、西山）重新进行了区划，区的所辖大致以盘龙江和金碧路为十字，划成了四块，五华区成为昆明的西北角，原属西山区的黑林铺、眠山、普吉、沙朗、厂口，甚至原属于富民县的迤六、瓦恭等都成为五华区的辖区，五华区面积扩大了（381.6平方千米），自然风景和人文风景也面貌全新。

《文化昆明·五华》，讲述的就是新五华区域的历史沿革和人文风貌。五华大地，东邻盘龙江，南连金碧路、西坝路、环城西路、人民西路，西接与西山区龙潭（即团结街道），北与富民、嵩明两县交错……这昆明的西北角，基本包括了昔日老昆明的中心，历史在这里沉思，现实也在这里汲取文化的力量，阅读昆明，感受昆明，回味昆明，都不可能绕开它。千年五华，山水"钟造化之秀"，风景萃人文之精，无论历史的代代传承，"滇云首府"城市的沧海桑田，历史人物的灿烂辉光，街巷、地名中的文化含量，星罗棋布的各级文物等等，皆令人拍案惊奇！五华历史上形成的军事文化、教育文化、交融文化、马帮文化、水运文化、仓储文化、饮食文化……都凝聚着一个个或大或小永恒的"奇迹"！这里是老昆明的根，五华的历史承载着昆明的历史，五华的人物为昆明增添着明丽的光彩，五华大地跌宕起伏着五华的大地芬芳，投掷出悠远文化的魅力，令人沉醉，令人回想！

阴差阳错，"西翥灵仪"也成为文化五华的一部分，是新篇章，也是新传奇。如今，五华区的西翥办事处所辖沙朗和厂口，有白族民居自然村，有万亩桃园与梨园，是昆明现代乡村旅游的新胜地。其中，沙朗古镇是昆明市乡村旅游示范点、云南省旅游特色村，历史悠久而独特，民族风情浓郁，其因贞元十年（794年）从"三浪诏"（沙浪白族祖先是713年时洱海滨人，738年被南诏国徙居于今洱源县境内的浪穹诏，740年随"浪穹、施浪、邓赕，总谓之浪人，故云三浪诏"徙于剑川等地，794年再次被徙于昆明沙朗，迄今已有1220多年历史）移徙而来的洱海之滨白族世居而得名。辖区内有储藏丰富的钛铁矿，有苗族、彝族等少数民族世居的厂口，是五华区重要的山区农业乡。而1935年4月，贺龙领导的中国工农红军第二方面军长征经过厂口，为厂口历史留下浓墨重彩的一笔，为厂口增添着红色革命的光辉。

　　教育是一个国家和民族的根脉所系，是一个国家文化血脉得以传承不辍的重中之重。因为五华区所处的位置，历史上昆明教育的重要文教场所、重要教育机构、教育界"魁首"人物等等，大多集中在五华大地，故《文化昆明·五华》在五华教育发展史也就是昆明教育发展史上着墨甚多，堪称袖珍版的昆明教育史话。这里从云南最早的文庙——昆明文庙以及贡院、书院以及科举考试情况入手，将古代、近代乃至今天的教育景象、教育界人物、教育的成就等等，全方位呈现，充分体现着五华人文教育人才辈出，腾蛟起凤，硕果累累。军事上的教育传统，催生了以陆军讲武堂为代表的辉煌，也书写了昆明抗战"抵御外敌"的抗战辉煌；高校教育的成功，体现在国立西南联合大学、云南大学、昆明理工大学等等教育实绩中，尤其是西南联大的创办，短短八年时间，却创造了世界教育史上的奇迹，大师辈出，成果斐然，可堪自豪；中学教育方面，从西南联大附中起步的云南师范大学附中，其教育成绩，也在国内领先……

　　商业与交通史，也延续着五华的千载繁华，记录着社会的风情和悠远历史的回声。昆明今天成为举世瞩目的现代化城市，地域、商业、交通的变迁以及一个个文化品牌的后面，既让我们回观着过去，也放眼着未来，阅读一个城市，阅读一方人文，从它的衣食住行，从它的阡陌交通，从脚下的每一寸土地，都可以次第展开——

　　文化五华，从旧景致到新景观，让我们打开这书卷。

目录 Contents

187　第四章　繁华市间

258　后　记

第一章
五华山水

　　昆明市五华区，以市内五华山而得名。"五华"之名，源远流长。

　　早在南诏王劝丰祐天启十七年（856年），他就在其"西京"大理阳苴咩城和"东京"昆明各修建了一座"五华楼"。"东京"鄯阐城的五华楼在今天五一电影院、武成小学一带。楼高百尺，范围达五里，可包容上万人。崇楼瑰丽，声名大著。加之此前的五华山"土为红色，又有五峰，像五朵红花高擎在城中，因而得名五华山"。

　　时至元代，五华山就成为城中一景，所谓"五华钟造化之秀"。明代，干脆将五华山上所建寺庙称"五华寺"。"五华"这个高雅而形象生动的称谓，从此就成为昆明历史与风景的一个重要文化符号。

水依山伴　天开妙趣

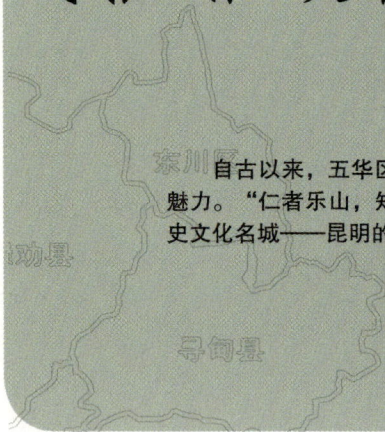

自古以来，五华区的山光水色以一种山水对应的天造巧合，展示着自然的魅力。"仁者乐山，知者乐水"，山情水趣之间又富涵着人文情趣，聚焦着历史文化名城——昆明的文史底蕴。

有一首小诗："山是眉峰聚，水是眼波横。若问行人去哪边，眉眼盈盈处。"风景最美的地方，一定是山与水交融映衬之处。自古以来，五华区的山光水色正是以一种山水对应的天造巧合，展示着自然魅力。同时，"仁者乐山，知者乐水"，山情水趣之间又富涵着人文情趣，聚焦着历史文化名城——昆明的文史底蕴。

螺峰叠翠　翠湖春晓

五华区辖区内有螺峰山，山侧有翠湖。一山一水相映成趣。

据文史大家朱惠荣先生考据，以螺峰山为中心的"唐代的螺山半岛"，当是战国时楚将庄蹻筑建的"庄蹻故城"。因而，螺峰山是昆明建城历史的一个重要开端，给人以悠远的历史怀想。登其山，远眺滇池，后来可以遥望东、西寺塔，近看祖遍山双塔。而今数十年中，螺峰山（亦称"圆通山"）是昆明人观赏海棠、樱花的

圆通山石牌坊

胜地，文学家李广田有脍炙人口的《花潮》一文，描述了昆明人的赏花盛况。回溯历史，明清昆明"六景"或"八景"中，就有"螺峰拥（叠）翠"一景，夸赞"螺峰近在滇城里"的绮丽风光。清初寒士孙髯翁，蔑视科举，以"万树梅花一布衣"自况，曾在螺峰山的"咒蛟台"卖卜，留下许多傲骨嶙峋的故事。只要会谛听，螺峰山总会娓娓叙说其山情史意。

翠湖，是随着明初昆明城"南面缩，北面扩"而划入城中的，但对于平民百姓却长期是块禁地。明初这里是黔国公沐英"种柳牧马"的骑兵营圄，史

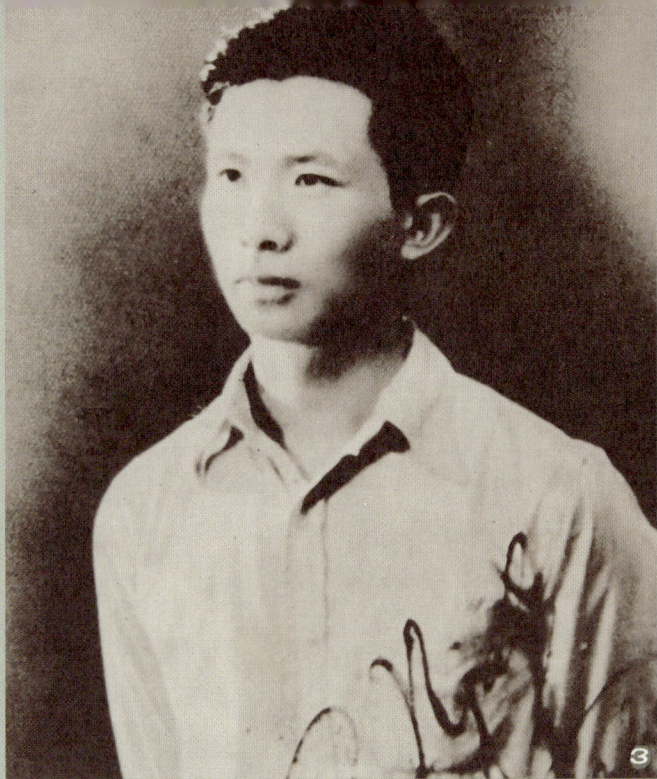

称"柳营"。以后200余年中都是"沐氏别业"。明之际，一度是大西军将领刘文秀的"蜀王府"。清初，则是吴三桂的"平西王府"，嗣后，改为"洪化府"。在兵权官势笼罩下，寻常平民轻易不得擅入此地。但清代环翠湖一带，也多有学校和寺庙。如贡院（在今云南大学本部校内）、经正书院、云南陆军讲武堂，以及龙神祠、玉龙寺、黑龙寺尼庵和翠湖中一时名盛的大兰若——莲华寺。每一个学校和庙宇都是一个实际上的"绿化点"。翠湖有不小的水域面积，湖中栽荷种藕，湖畔有竹有柳，还夹杂不少稻田，大有"荷香鱼世界，杨柳佛楼台"的韵致。当时有人描述为"七月秋风翠湖上，藕花常伴稻花开"。

《清史稿·地理志》并列螺峰与翠湖曰："（昆明）城内，螺山……山侧有翠湖。"则翠湖早以"翠""绿"呈形。而螺峰山乃是"山有巨石，皆深碧色"。翠绿的湖景与螺峰的山色，上下玉碧，相衬相托，令人怡然感叹造化之精巧！

❶ 翠湖荷塘
❷ 翠湖戏鸥
❸ 聂耳

翠湖戏鸥

当年，中华人民共和国国歌的作曲者，少年聂耳曾在此间徜徉，后来写下了《翠湖春晓》的旋律。半个多世纪后，《翠湖春晓》在维也纳"金色大厅"演出，以中国经典民乐的魅力响彻异域。今天，"翠湖戏鸥"又是昆明市"人鸟和谐"的一道最亮丽的风景线。山水之间，大有韵味。

商山樵唱　龙池跃金

元代昆明"十景"中，"商山隐隐而攒穹"，赞叹商山的迷离而挺拔。清代昆明"八景"的"商山樵唱"，透露出商山（云南民族大学本部一带）林木盛茂的生态和樵夫出没的悠然。而天赐

翠湖春晓

莲花池

的五华区城内风光特奇巧，有山便有水，商山近旁就有莲花池，明代称为"龙池。"于是"龙池跃金"就成为明代归纳的"滇阳六景"之一。诗人描述："路入商山景更奇，玉皇坛畔有龙池。"又云："映日金鳞鸣拨刺，变化云雷未可知。"诗人设想阳光照射下，龙池粼粼的水波像一条巨大的金龙缓缓烁动。而一旦惊雷震响，"龙池"之水会化作一条金龙腾空而起！在这里，山，是凝重的静态；水，是流动的动态，商山与龙池相映成趣，诗意盎然。

莲花池八角莲花阁

当年，日本诗僧机先就被此地"柳色烟深处""桃花水涨时""翠浪动沧漪"的景色吸引。今天，新建的莲花池公园也许还会引发人们追古怀乡的情怀，此地曾是清初"平西王"吴三桂所建的"野园"（亦称"安阜园"）。他和爱姬陈圆圆等曾在此歌舞宴乐，张扬跋扈。据说被吴三桂处死的南明永历皇帝也被明遗民悄悄地安葬在这里。清廷平定"三藩之乱"后，这里被燔为一遍废墟，个中多少历史沧桑，多少动人故事，又让人们产生多少抚今追昔的喟叹！

五华鹰绕　盘龙蜿然

五华区因之得名的五华山，有几个特点：

一是地势独优。以往史书称它是"当省会之中，领袖群山"。因此，历代重要政治机构都选址于此，居高临下，也寓高屋建瓴之威。明代姚肇有诗赞之为："五华山高几千尺，露泡岚光翠堪挹。"风景绮丽多姿，有"五华拥翠"的大名头。

二是林木繁盛，其地貌层次丰富，山殊高，箐颇深，林茂密，花多姿。朱惠荣先生言其旧貌说，五华山主峰林木蓊密，多奇花异草。其间颇多兔、鼠、鸟、虫。昆明景致中的"五华鹰绕"，正是写鹰隼盘旋伺机捕食的状况，从而折射五华山木繁林盛的盎然生机。山箐中甚至有过极为珍贵而今被列为国家一类保护植物的秃杉，这个山箐当时就称为"秃山箐"。山脉中还曾存活着几抱粗的千年古菩提树。

三是历代都于其上筑建气势恢宏的大寺庙。如元代在山顶建"悯忠寺"，表达尚武的王朝对疆场殒命的将士的敬重。明代建"五华寺"，官修志书赞之为"云南诸刹惟此为最"。清代在山顶建"拜云亭""武侯祠"等。五华山成为昆明诸山中难以比肩的"第一山"。昆明市以"五华"作为区级行政区划的称谓，不以宜乎？

能与五华山"山水匹配"的只有盘龙江。盘龙江穿昆明城而过，而今是昆明四个区级行政区划的一条分界线。在这个意义上，盘龙江也属于五华区的阈域。

盘龙江之名始见于元代，从源头嵩明县牧羊河算起，长达120公里，从昆明城北的松华镇到进入滇池的洪家村长26.5公里，南北纵贯昆明。765年南诏拓东城初建，其地在今五里多一带，盘龙江流域那时是拓东城的西界。南诏王阁罗凤审视其地理风貌说："山河可以作屏障，川陆可以养人民"，其中

盘龙江

"河"主要指今盘龙江。盘龙江在当时具有军事与经济的双重意义。拓东城作为南诏"东都"，是军事基地和行政中心。而盘龙江西岸早已存在作为爨部的"螺山水域"（即今日五华区内的螺峰山一带）。从而，以盘龙江流域作为一个标识，形成了"一城双核"的态势。它不仅有自然属性，也成为天然的界域标志。

　　大理国时期，将"拓东城"改称"鄯阐城"。盘龙江，当时称"银汁河"。除了继续发挥其水利作用外，还沿河大植花木，银汁河即在今盘龙江的土拢棱脊上种植素馨花，形成"银汁银棱"，白色花朵延绵盛开十多里！每逢春天，花色与清香氤氲，落花随流水漂移，花添水色，水助花趣，于是有了"银汁河"的诗意雅称。落花无意，流水有情，盘龙江水域伴着"五华"之秀，才堪与之比肩。

　　元代将昆明城这条水势豪雄，蜿蜒南流的古老河流形象地称

之为"盘龙江"。元代的中庆城"三面际水,一面依山"。城的南面和西面濒临滇池,东面则以盘龙江为界,加强了中庆城的军事攻防功能。盘龙江被誉为昆明的母亲河,当之无愧。明清昆明城面积有所变化,但盘龙江依然有数里长的江流伴着云南府城的东城墙而过。这条古老的河才配与"五华"这座瑰丽的山相伴相匹,于是因山川之名而赋成区划之名,"五华区""盘龙区"长期以来,成为昆明城的两个中心区的命名。正是天造其巧,人赋其妙。

❶ 盘龙江穿城而过
❷ 盘龙江

①

虹山倒影　山水同具

清代"昆明八景"中有"虹山倒影"。

"虹山"即今五华区内的"小虹山"。现在它距滇池之水的距离的确是很远了。远得使人很难理解，当时虹山的影子倒映到滇池流域水中的那种景象！早在明末，大旅行家徐霞客在《滇游日记》中所描述的滇池水域和虹山山脉的关系是："草海之余，南连于滇池，北抵黄土坡。"历史地理学家朱惠荣先生描述得更清楚："草海南起海埂，北至黄土坡、黑林铺，西抵车家壁、夏家寨，东达潘家湾。"可见黄土坡、黑林铺一带，正是当时虹山的余脉。于是，虹山倒影于虹山水域之中，就是理所当然的。一种景致中，

山之形，水之态，山水相依的妙趣，有机地融为一体。所谓"滇池五百里，北靠虹山边。日丽壁沉水，岚浮镜里天"。真是"成趣辉映处，图画无比妍"。

而今，草海面积缩小到仅有 10 平方公里左右，当年"虹山倒影"的美景，早已不复存在。地貌山川的沧桑变化，围海造田的人为破坏，使我们从中领悟到城市化的浩荡过程里，对水域、对生态的珍视！这是一个历史、现实和未来的大课题，是景观的变化给予我们的一个严峻的思考。

山水余韵　风光乡情

水光潋滟晴方好，山色空蒙雨亦奇。水光山色的确是营造美的要素。有史以来，五华区还有许多著名的山伴水傍的巧配，让人感慨大自然的神奇。

"双塔映绿"曾是昆明一景。昆明城内有祖遍山，明成化五年（1469 年），于山上建起两座十三层高的密檐四方实心砖塔。山增塔势，塔借山威，巍然卓立。而山下，相邻的五华山上，汇泉聚水成河，分称大、小绿水河。两河与双塔高下相形，映衬成趣，天光云影，塔挺水碧。由水观之，称"绿映双塔"；由塔观之，称"双塔映绿"，乃是当时蔚为壮观的一个美景。以后地貌有变，

❶ 小虹山

❷ 草海晚霞

石屏会馆

河水干涸，栉比的房屋围遮了古塔，此景亦不复存在。但作为昆明风景的一个历史符号，常常成为爷爷向子孙讲述桑梓的一抹云霞，成为昔日昆明生态的一隅写照。

此外，"洗马河"傍"磨盘山"，也是旧时昆明山水景观的一幅天成小品。在今翠湖东侧近石屏会馆一带，是五华山体向西的延伸。因为这个稍微隆起的山堆，形状像一个巨大的磨盘，故称"磨盘山"。而翠湖早年是滇池的一部分，千百年的沧桑变化，时至明清，翠湖面积缩小，也远离了滇池。清初，只有一条由翠湖到小西门蒲草田，经潘家湾、大观河与滇池草海相连接的河。其中翠湖到小西门一段，称为"洗马河"。磨盘山在数百年中尽管建筑风貌屡变而山名未变。"洗马河"则一开始指整个翠湖，到吴三桂筑"平西王府"时，充当了王府的壕沟。后来，洗马河先是窄小如沟，如

今干脆消失不存了。但这一角长达几百年的山崎水傍的景致风韵，还依然留在老昆明的记忆中，也是五华区乃至昆明市"山水之城"的一个历史的实证和风物变迁写照。

尤其值得回溯的是今天一度"名存实亡"而在人们的努力下使它再现身姿的洗马河。洗马河的兴、变、衰、灭到蝶变，见证了翠湖湾数百年间的历史。

翠湖有着悠远的水域资格，约20万年前，翠湖一带就是浩瀚滇池的一部分。岁月荏苒，到了元代初年，修水利、兴农事、治水患、灌垄亩，于是当局炸开海口中汤闸，使得滇池水位下降，商山脚下一带，正是滇池延绵的"翠湖湾"，与滇池一体相融。

明朝建立，昆明城向北扩延，沿圆通山一线修筑砖城，将翠湖一带包入城内。镇守云南的黔宁王沐英，看中翠湖周遭水清草茂、土沃地阔的状貌，据为骑兵大营，栽柳植荷，并建别业，称为"柳营"。仿汉代周亚夫军细柳的豪气，寓"柳营春试马，虎帐夜谈兵"的古意。骑营兵佐，秣草洗马，骑射习武，当时的翠湖也被称为"洗马河"。此时的翠湖湾，与滇池亦即亦离，成为一块军事禁地，地理上亦渐演变为人工潟湖。明代晚期，滇池湖岸线继续收缩，翠湖一带也出现沼泽化，天启《滇志》描述为"菜圃居其半，故又曰菜海。其平者为稻田，下者为莲池"。同时，出水丰沛的翠湖，仍有一股强劲的水流，"贯城西南陬，入顺城桥，汇盘龙江，达滇池。"成为护城河的重要水源之一，也成为连接翠湖水域与滇池的一条脐带。这条水道从翠湖到小西门一段，被人们习惯地称为"洗马河"。"洗马河"所指的水域有了变化。有趣的是，沐氏镇滇200余年，世袭"镇守云南总兵官、黔国公"，据有翠湖一带居之，所谓"世镇有别业在其上"，竟与明王朝相始终，这恐怕是明朝历史上绝无仅有的。洗马河的变化见证了这一段史事。

清初，吴三桂在沐氏柳营旧地扩修"平西王府"，地盘颇大，包括今天云南陆军讲武堂、省图书馆之地，西边直到现东风西路，当时是城墙边。于是在王府的南墙外和东墙外依水势修了一条小河，既作为府邸的防卫壕，同时接通城外由潘家湾沟通的大观河，可作财物、粮食运输的通道。城墙内这段河道，时人也称为"洗马河"，是晋宁、昆明、呈贡等地粮草经滇池通大观河接通洗马河这条长长的"运粮河"的末段。"运粮河"连接了城内诸多仓廒，洗马河从而有防卫与交通的双重含意。平西王府后来因吴三桂之孙吴世璠称帝，改元"洪化"而称为"洪化府"。今此地还有"洪化桥"的地名。洪化桥成为烘托权力威势与装点风景的建筑，倒映于洗马河上，桥水相衬，是那时翠湖周围的一时风光。这时的洗马河与沐英已经毫无关系。在清人的诗文中，亦诗化地将这条河道称为"锁烟溪"，有"烟笼寒水月笼沙"的别样韵味了。

有过 600 多年命名史的洗马河，到 20 世纪 50 年代，历史地理专家朱惠荣先生描述为"讲武堂边的洗马河已加小沟，但翠湖的大量清水仍通过该河汩汩外流"，其顽强不涸的生命力令人叹服。但这条拼命挣扎的洗马河，早已不能与滇池连接了，滇池与翠湖的连接脐带，在城貌与世事的变迁中断脱了，也就是说翠湖已从滇池母亲的怀抱中独立出来。由是可以说翠湖是滇池的儿子。朱惠荣先生《滇池的小女儿：翠湖》，亲昵而又爱抚地回眸了滇池与翠湖的关系。而洗马河亲历了这一漫长而又充满苦难的历程。

20 世纪 60 年代以后，昔日的洗马河河道逐渐填平，成为齐整漂亮的街道，将近半个世纪，"洗马河"似乎成为蒙满尘埃的历史地名了。但，作为国家级历史文化名城的昆明，翠湖文化圈是其一个重要的文化中心圈，追溯它的人文与自然历史，很难离开对洗马河的注目。2017 年，在洗马河的旧址近旁，昆明市政府重新塑造洗马河的旧貌风情：河水、马群、沐马人的雕像，垂柳、水岸、春之风的意境……虽然只是一个片断的展现，却给人以无限的历史遐思，让人追怀那洗马河岸，走过的那许多风流人物：杨升庵、孙髯

翁、钱南园、聂耳、朱德、叶剑英、蔡锷、李根源、唐继尧、
卢汉、黄毓英、袁嘉谷、楚图南、闻一多、李公朴、胡志明、
崔镛键、李范奭、唐淮源、寸性奇、王甲本……让人回味那洗
马河畔，有过多少浓郁风景："七月西风翠湖上，藕花常伴稻
花开"是自然风色；"与贤共大位，勖哉多士观园之光；立政
待英才，慎乃悠思知人则哲"是人文风貌；"重九烽火"，是
壮士风骨。《翠湖春晓》，是故乡旋律……600 年的洗马河，
涅槃再生的洗马河，壮哉！美哉！

　　山水五华，是自然的天成，历史的沧桑，现实的风貌，是
建设明天的美好愿景。

闻一多故居

九龙戏珠　蔚然人文

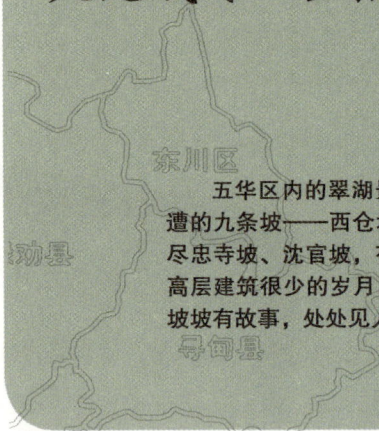

　　五华区内的翠湖景圈，有"九龙戏珠"的美誉。翠湖如一颗碧湛的明珠，周遭的九条坡——西仓坡、先生坡、小吉坡、贡院坡、丁字坡、学院坡、大兴坡、尽忠寺坡、沈官坡，有如九条戟张的虬龙奔向明珠。"坡"是山的余绪，在以往高层建筑很少的岁月，将坡喻龙，生动传神。翠湖景圈，也有浓郁的人文气息，坡坡有故事，处处见人文。它们是五华区、也是昆明城当之无愧的文化地带。

一水几仓廒

　　由翠湖之洗马河连通大观河达于草海的这条水道，早先像一条脐带连接翠湖与滇池，也就成为晋宁、呈贡等地粮食经水道运入云南府城的运输线，大观河因此也称"运粮河"，沿途有不少贮粮之仓廒。如现今的大观商业城附近，旧称"老篆塘"，不远处有一个"仓储里"，就是清代云南府"广备仓"所在地，属于常平仓之类，是支付兵饷、赈灾备荒和稳定粮价的官仓。沿水道往东不远处，旧有"庆丰街"，是昆明县"庆丰仓"所在地。把粮食运到翠湖边，储入云南府的"太平仓"，也称"大西仓"；储入云南府的"小惠仓"，也称"北仓"。于是，又有了"西仓坡"和"北仓坡"。

　　这条运输水道和粮仓，历史上曾起过重要作用。清康熙年间，驻云南的"平西王"吴三桂，联合广东的"平南王"尚之信、福建的"镇南王"耿精忠，发动了"三藩之乱"，与清廷抗争了八年。最后一年，即1681年，清军围攻昆明近10个月才将其攻下。有专家认为，其中一个原因，就是清军末将昆明水运粮道截断，所以，吴氏王朝手中有粮，则顽抗有据。如此看，翠湖这条连接诸多仓廊的水道，旧时简直有昆明某种"经济血管"的作用。

两坡四名人

❶

❶ 唐继尧
❷ 唐公馆石牌坊

翠湖之畔的"丁字坡"，坡头有唐继尧的旧居遗址"唐公馆"；坡脚今天尚存"王九龄故居"。

唐继尧，1904 年到日本陆军士官学校学习，次年即加入了孙中山创立的同盟会，是同盟会最早的 37 名会员之一。1909 年回国后担任云南陆军讲武堂教官。"武昌起义"爆发后，

王九龄旧居

他与讲武堂教官刘存厚、沈汪度等，五次密谋，策划响应。10月28日就在唐公馆推举"协统"（旅长）蔡锷为云南起义临时总司令，两天后发动了云南"重九起义"，建立了革命政权。1915年12月，袁世凯废"民国"而称"皇帝"，25日，唐继尧、蔡锷、李烈钧等联名通电全国，发起了"护国运动"，全国响应。导致"洪宪帝制"83天就呜呼哀哉了。1922年，唐继尧创办了"私立东陆大学"，成为云南第一所现代大学，是今天云南大学的前身。当然，唐继尧担任云南都督、省长的十多年中，穷兵黩武，民怨纷纷，朱德就指斥他为"云南的土皇帝"。如今，翠湖边残存的"唐公馆"大门高高的石牌坊、云大高高的"会泽楼"，总使我们难忘这位毁誉并见、颇多争议的历史人物。

王九龄是清末廪生，留学日本，毕业于东京政法大学，也是同盟会成员。1922年，他以云南省财政司司长、富滇银行总行长的身份，出任刚建立的东陆大学名誉校长，并连任三届董事。他是南雅

诗社成员，谙于诗道。晚年浸润于佛学。解放后，他欣然把毕生搜集的文物古籍捐给人民政府，并将自己的旧居以廉价卖给云南大学。以"赤条条来去无挂牵"的清雅出尘之态辞世。九龄先生还雅好书画，今华亭寺正殿犹悬有他的匾联。王九龄旧居属昆明市级文物保护建筑，是土木结构的"四合五天井"式宅院。临翠湖，宅清雅。是对他一生能从宦海商阵中拔擢而不失清雅的一种写照。由其居所见其人品，翠湖之畔自有其雅居文趣。

翠湖旁的"尽忠寺坡"，坡头有纪念"打响云南辛亥起义第一枪"黄毓英的"黄公祠"；坡脚左近有纪念护国运动将领赵又新的"赵公祠"遗址。镌刻着云南近代历史的辉煌。

黄毓英，同盟会会员，以刚毅勇武著称，"黄公祠"内原有大匾赞扬他"大刚毅果"。他是参与并促进"重九起义"的激进人物，功不可没。他当时任驻北校场的新军73标三营排

王九龄旧居

长，起义当天，他搭云梯第一个登上昆明北门城墙！云南光复后，他奉命入川，击溃上万匪众。在进入贵州的军事行动中，他"单骑断后"，牺牲于遵义，年仅28岁。孙中山先生亲自为他题写"乾坤正气"的大匾。军都督府下令将原来的"尽忠寺"改建为"黄公祠"，两旁的街道也因此称"黄公东街"和"黄公西街"。黄公祠先后用作"景虹小学""东风小学"校园，后改名"毓英小学"，愿刚毅勇武的黄公英名长存！

尽忠寺坡坡脚一侧，有"赵公祠"。赵公即赵又新。青年时赴日本士官学校学习，存军事报国之志。回国后任滇军蔡锷部管带和云南陆军讲武堂教

❶ 黄公祠

❷ 辛亥功臣、护国名将赵又新

官。后随军驻建水。昆明"重九起义"后两日，即11月2日，他领导了著名的临安起义。后来，又参加孙中山领导的反对袁世凯的"二次革命"，在江西湖口起义。护国战争中，任护国军第一军第二梯团长，转战川南，战功卓著。1920年卒于军旅鏖战，年仅38岁。国民政府追赠他为陆军上将。嗣后，将翠湖边皇华馆改为"赵公祠"，孙中山亲书"赵武烈公祠"。今虽仅存牌楼式大门，却气势犹存，铭记着这位"辛亥功臣，护国名将"，云南旧民主主义革命的杰出功臣。

英烈耀三坡

翠湖边有三位英烈的遗迹遗事，使三条普通的坡焕发着永恒的光辉。

赵公祠

❶ 李公朴先生
❷ 李公朴先生殉难处纪念碑

❶

❷

首先是贡院坡。坡头的东陆大学（今云南大学）曾走出一位女性吴澄。1925 年，吴澄考入东陆大学文科预科班，是云南最早的女性大学生之一。次年，加入中国共产党，是云南第一个女共产党员。这年 11 月，中共云南特别支部成立，她是第一任特支书记。1927 年，吴澄等创办了云南第一份妇女刊物——《女声》杂志。许多"第一"，标志着一个追求革命的新女性的成长。1930 年，由于叛徒的出卖，吴澄和她结婚才一年的丈夫——中共云南省团省委书记李国柱一道被捕，12 月，这对革命夫妇和吴澄腹中的胎儿，一家三口殒命敌人的枪口下。此外，解放战争时期，从贡院坡走出的云南大学投笔从戎者计 600 人，为革命战争中献出生命者 60 多人。烈士数目在全国高校中仅次于北京大学。贡院坡给后人悲壮的红色缅怀。

然后是学院坡。坡脚有李公朴先生殉难处。李公朴先生是著名的学者，参加过北伐战争，后来赴美国留学。1942 年，李公朴在昆明先后创办了"北门书屋""北门出版社"，成为呼吁民主与进步的文艺沙龙。楚图南、闻一多等著名文化名人、爱国民主人士时常云集北门书屋，探究学术，抨击时政。1944 年李公朴加入中国民主同盟。1946 年，蒋介石发动全面内战，李公朴先生奔走呼号，鲜明表达"反内战，要和平，反专制，要民主"的主张。7 月 11 日，国民党特务在学院坡脚开枪暗杀了李公朴先生。李公朴先生殉难纪念碑，虽然南移到大兴坡脚，但人们对民主英烈的崇敬与缅怀却永不移动。

再就是西仓坡。坡头有闻一多先生旧居及殉难

处。闻一多先生也曾赴美国留学，最初孜孜于《诗经》《楚辞》和唐诗研究，是一个标准的诗人和学者。先后在清华大学、西南联大任教授。四十年代，目睹社会的贫穷羸弱与专制黑暗，先生毅然参加中国民主同盟并主持《民主周刊》，成为勇猛的爱国民主斗士。李公朴先生殉难后，在其追悼会上，闻先生慨然做了沉痛而激昂的演讲，他英勇地呼喊："正义是杀不完的，因为真理永远存在"；"争取民主是要付出代价的……我们每一个人都要像李先生一样，跨出了门，就不准备再跨回来！"当天傍晚，闻一多先生果然未能再跨回住地，就在西仓坡六号离家门十米之处，被国民党特务开枪暗杀。一城之内，五天之中，李、闻两位英烈倒在血泊中。但烈士倒地的轰然声，也同时敲响了蒋家王朝的丧钟。西仓坡头"闻一多先生殉难纪念碑"，无声地诉说着这一段用正气和鲜血书写的历史。

坡坡有故事

❶ 闻一多先生殉难处纪念碑

❷ 西南联大教授闻一多

翠湖周遭的大兴坡、先生坡、沈官坡、小吉坡，可谓坡坡

朱德
(1886—1976)

有故事史迹与文化底蕴，是昆明市翠湖文化圈的生动写照，也是山水间人文韵味浸漫的表现。

大兴坡有红花巷 4 号朱德旧居。朱德的军事生涯，是从 1909 年进入翠湖之滨的云南陆军讲武堂开始。在云南军旅生涯达 13 年，他历经了云南"重九起义"、护国首义、滇南剿匪等一系列重大历史事件。以后离滇赴德国，加入中国共产党，投身于中国波澜壮阔的新民主主义革命。参加了南昌起义，起义失败后他率部与毛泽东会师井冈山，开辟了中国第一块农村革命根据地，被誉为"红军之父"。此后，他先后任中国工农红军总司令、八路军总司令、中国人民解放军总司令、新中国十大元帅之首。军事生涯超过半个世纪以上。有专家统计，朱德大战 500 余，小战近 3000，可谓"战争之神"！朱德旧居名"洁园"，表达了他傲睨旧官

1 2 朱德旧居

3 朱德旧居：朱德半身铜像

卢汉公馆

场，洁身自重的人格取向。

大兴坡脚有卢汉公馆。是建于 20 世纪 30 年代，扩建于 40 年代的两层法国式建筑。抗战之初，卢汉受命担任 60 军军长，就是从这里出发，率滇军 20 万健儿开赴抗日战场，血战台儿庄。日寇投降后，1945 年 9 月 20 日，卢汉代表中国政府在越南河内受降，成为唯一在境外接受日军投降的中国将军。此后，他担任云南省主席。1949 年，在血与火的时代抉择拷问中，卢汉就是在其公馆毅然宣布云南起义，有效地避免了云南再遭战争之灾。我们不能忘记，就是这座绿树掩映的小小公馆，为促进新中国的诞生做出了不可磨灭的贡献！

先生坡上端有云南国画大师袁晓岑住宅。小青瓦顶木房，一正一厢两间。厢房是画室兼客厅。房舍简雅温朴，花木扶疏，清秀恬淡，真个是"室雅何须大，花香不在多"。先生擅画孔雀，他笔下的孔雀自有其飘逸之姿、灵动之态，长期为人们称道。孔雀是滇地民间数千年崇敬的灵物，备受爱戴。由此衍生出老艺术家刀美兰的"孔雀舞"、孔雀舞艺术家杨丽萍的"雀之灵"。

❶ 卢汉将军代表中国政府在越南河内受降时的留影

❷ 翠湖北路先生坡

周钟岳旧居

小吉坡下则有周钟岳中西合璧的居所，袁嘉谷中式传统居所。

周钟岳先生是云南剑川人，早年赴日留学，毕业于早稻田大学。先后任云南教育司司长、云南代省长、国民政府内政部长、考试院副院长、国民政府总统府资政及云南省文史研究馆馆员等。素负清名，官声甚佳。他又是著名书法家，南京"总统府"三字就是其亲书。他还重视云南地方文献建设，曾参与创建云南图书馆，任云南通志馆馆长，主持纂修《新纂云南通志》《续云南通志长编》两部巨著。家风肃然，公正无私。他将数万卷图书分赠云南大学和云南省图书馆，以"不带走一片云彩"的潇洒为自己79年的人生画上了一个圆满的句号。我们观瞻其旧居，无不生出如何为人、为官、为学的遐思。

袁嘉谷先生是云南石屏人。清末，他先后中进士，点翰林，最

① 翠湖北路小吉坡
② 袁嘉谷塑像

后为"经济特科"一等第一名，成为云南历史上唯一的"状元"。他先后任翰林院编修和浙江提学使、布政使。辛亥革命后回滇。涉足官场生涯却不泯文化人的本色。1923年，任东陆大学的国学教授，不领薪酬，以资办学。晚年致力"滇学"研究，留下《滇绎》《云南大事记》《卧雪堂文集》等计400多卷著作。今云南大学呈贡校区"名人大道"所塑的六位著名教授的半身像中，就有袁嘉谷先生。先生在翠湖边居住了长长的18年。先生逝矣，书香仍在。

　　翠湖畔还有"沈官坡"之名。据传，明初江南富商沈万三被朱元璋发配云南，曾住此地。他有两个儿子也曾被封赏居官，土民因以"沈官坡"艳称此坡。抗战时期，日机轰炸昆明，沈官坡附近屡遭炸弹。乃至五六十年前，这一带还有"炸弹坑"之名。

袁嘉谷中式传统居所

两条中轴　双寺禅音

城市格局的变化，其中轴线也必然有变，城市的风色也有不同的呈现。昆明这座高原之城，其城域之盈缩变迁、暮鼓晨钟，也在依山傍水之间发生。

"一城双核"即景

云南史志大家朱惠荣先生认为，今天的昆明城，从南诏、大理国到元代，大体呈现的是"一城双核"风貌，即一个城有两个自成单元的核心区域。南诏的"东都"，即今昆明城东部五里多一带，是"拓东城"，为金马山余脉下"东都"的一个核心区域；城西今圆通山以南，大致包括今五华区城区的主要部分，是"螺山城"，为"东都"的另一个核心区域。如果说"东都"也有中轴线的话，那么，划开两个"核"的盘龙江，又是一条不完全对称的中轴线。

大理国时期的鄯阐城，大体继续维持类似的城市格局。

元代，昆明县为首县的中庆城，是历史上螺山城的延曼扩衍，与城东从"拓东城"沿袭发展下来的翰尔朵城（俗称"五里多"），依然成为两个并列的核心区，使鸭池城昆明仍然呈现"一城双核"的城市格局，盘龙江照旧成为"两核"的

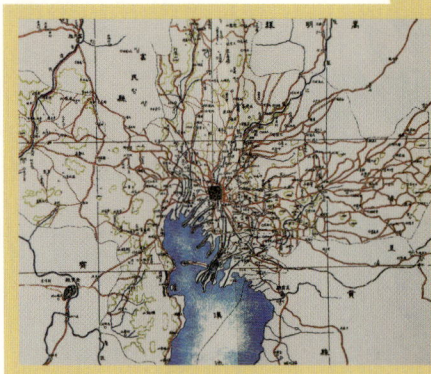

昆明县全图

不对称中分轴线。

据朱惠荣先生考据，中庆城"北门在五华山后，南门在今土桥"，可见其区域基本上是五华区城区的主体地带。"元代十景"中对其状态有一句点睛之笔，"三市当阛阓之中"，说的是中庆城的中心要冲之地，街市繁喧，牛马市、猪市、羊市各有其专门交易场所，是当时最时尚的商品市场，处在五华山余脉之地。至今，昆明城还存留着"马市口""猪（珠）集街""羊市口"等或显或隐的旧地名，依稀透出历史上曾有过的商贸盛繁。此外，在玉带河周遭，鱼市、盐店也有其固定的售卖街衢，且成为重要税源，是大众消费与官家税收的纽结呈现。至今还在老人记忆中的"鱼课司街""盐店街"等旧地名，也在叙说着以往的商贸信息。

明代所建的云南府城，南面收缩，其南门——崇政门，筑于今天近日公园之上，北边则扩展到螺峰山一带。因此，一是结束了从南诏至元代，近700年"一城双核"的格局，把首府的军政重心集中到唯一的主城区域，使云南府城基本就在今五华区范围之内。二是等于将元代以来商贸繁荣的三市街直至云津市场等商业区，甩于城墙之外。三是将城墙由元代的夯土结构改为青砖筑墙，显然是强化了军政权力区域与商贸区的截然分界。城墙内外，其功能的划分，管理的制度，居住主体的身份差异，保护对象的孰重孰轻都不相同，这种"一城两制"的特色，由明代沿袭到清代。

"两条中轴"的演变

一座城市先后有两条城市中轴线，却不离以"山"定位，且两条中轴线至今痕迹尚存，这在全国极为少见，而恰恰是昆明这座历史文化名城特有的风光特色与人文韵味。

南诏、大理国时期到元代，鄯阐城和中庆城大抵主要坐落在今昆明五华区城区地界上。城市中轴的营构甚为雅致，大体上是以五华山上的悯忠寺为北边的对应点，南延到文庙，经今文庙直街、文明街、南通街、东寺街连为一条南北向的中轴线。中轴线上东寺塔与西寺塔两侧对峙，东玉带河与西玉带河首尾呼应。北端五华山顶上元代建悯忠寺，南端东西寺塔旁有觉照寺、慧光寺等遗迹，梵钟应和，展现出一派山水毕俱、兰若隐绰、市声杂嘈、中轴蔼然的世相。

明清云南府城的中轴线有了变化。明代，将昆明的南城门筑建于今昆明的近日公园处，称为"崇正门"（清代称"丽正门"）。城门所对的中心大街，比之先前从鄯阐城到中庆城形成的城市中轴线，显然向东移动。这条新中轴大街称为"南正大街"。北溯而上，与五华山上的对应点，由原先悯忠寺东移到五华山绝顶的最高处，是所谓"山居鳌头""觅位极高"一类的风水取向与文化吉谶，从而形成从五华山取势而下，从马市口经南正大街（正义路）直达崇正门（近日楼）这条城市中轴。门敞气开，于是出城门有忠爱坊、金马坊、碧鸡坊"三坊"作为宏大无比的"照壁"，谓之气势"畅而不漏""藏风蓄气"。清代后期，战乱、天灾，府城之外难以有安全保障。商业经营由城外转入城内，以城市中轴线为中心而铺开，店、铺、摊、贩百业云集，分列两侧，形成了一个古代名副其实的"大超市"。中轴线不仅成为行政聚集处，也成为商贸集中区。常常人山人海，也算一种都市的人文风情。

❶ 圆通寺：古老的观音道场
❷ 圆通寺南传上座部佛教铜佛殿是一座精美的泰式建筑
❸ 圆通寺喇嘛教即密宗的佛殿

双寺禅音的内涵

"天下名山僧占多"，佛寺也是一地山水风光的自然呈现与人文风光的凝结点。五华区内有两座著名大寺：一为城中螺峰山下"即岩而寺"的圆通寺，一为西北郊玉案山中的筇竹寺。前者由山门到大殿步步朝低处走，后者则是层层往高处抬升。恰成巧趣。

圆通寺：古老的观音道场。观音教在 5 世纪时就传入云南。765 年，南诏国在昆明建起了拓东城，同年，又于螺峰山下修建了"补陀罗寺"。西藏拉萨有"布达拉"，云南昆明有"补陀罗"，浙江有"普陀"，其名称乃一音之转，都源于南印度额纳特珂克海观音道场之名——"补怛落迦"。上述都是中国的观音道场的称谓。而今浙江普陀山，早已成世界知名的观音朝拜的佛教圣地。而揆诸历史，浙江普陀过去称为"梅岑山"，最早是在五代后梁贤明二年（916 年）才搭起数间茅屋建立的一个简陋的观音院。作为观音道场，比昆明

❶

的补陀罗寺晚了 150 多年。直到明代万历三十三年（1605 年），朝廷钦赐浙江这个观音院为"护国普陀禅寺"，该观音道场才有了"普陀"之名，比昆明补陀罗寺命名"普陀"，足足晚了 840 年。昆明补陀罗寺，元代改称"圆通寺"，是观世音菩萨 32 个法号之一。作为观音道场，至今屈指已有 1250 余年历史。由于知晓的人不多，故名声也不大，但的确是一个有历史分量的观音道场。有"实"而无"名"，真是一种遗憾！

圆通寺的另一个独有特色，是寺内既有汉传佛教的佛殿，又有属于南传上座部佛教的佛殿，还有属喇嘛教即密宗的佛殿，这在全国也是唯一的。更值得体味的是，这个独特的现象，蕴藏的是云南深厚的宗教与文化意蕴。纵观千余年中，云南总是包容、抚慰、帮助不论哪个佛教宗派中遭受"法难"的僧人。5 世纪末，入侵印度的嚈哒人"灭佛"，"法难"中的僧人逃到滇西永昌（保山）等地，云南包容了他们，结果佛门观音教开始入滇。8 世纪到 12 世纪，在异教势力的打击下，佛教在印度灭亡，大批"天竺佛僧"逃住南诏、大理国，担任国师，促进了"妙香佛国"的大理国风情。在西藏地区，842 年，吐蕃王朝朗达玛毁佛，造成 400 年"藏卫无法"。一批"法难"中的僧众逃入中甸、丽江，云南

❶ 圆通寺南传上座部佛教铜佛

❷ 圆通寺

❸ 圆通寺汉传佛教的佛殿：圆通宝殿

又包容了他们，使"藏密"传布滇西。更不用说中原地区"三武一宗"（魏太武帝、北周武帝、唐武宗、周世宗）的"灭佛"之举，使大批比丘僧尼由川入滇，云南同样包容了他们，并接受他们带来的先进文化和寺院塔殿等建筑艺术文化。缅甸蒲甘王朝后期，在动荡时局

中不少南传上座部佛门僧徒逃往滇西南（今西双版纳、德宏等地），云南也在对其包容中吸取其传布的佛门菁华。云南这种涵容包纳的历史使命感和传统，是圆通寺汇集汉传、藏传、南传佛学宗派佛殿于一寺的气度与精神物化的体现。圆通寺聚焦了云南的宗教历史气度。

筇竹寺：云南禅宗第一寺。元代以前，云南密宗阿吒力教是滇地佛教的主流。元代云南行省的建立，佛教各宗派纷纷进入昆明等地，而筇竹寺是北传佛教中禅宗在滇享誉最隆的第一寺，是云南"禅密交替"的一个象征。作为云南禅宗一个重要的"开山祖寺"，地位自然是非同小可。

筇竹寺正是昆明玉案山中的宝刹。僧以寺传，但更明显的是"寺以僧传"。筇竹寺传扬禅宗的第一人是"雄辩大师"。为弘扬北传佛教经义，就要讲经说法，雄辩大师首倡"讲宗"于筇竹寺。由于他佛学底蕴深厚，又极富口才，很快就吸引了大批资质颇高的"俊秀人才"。口口相传，于是拥

有大批信奉者、追随者。雄辩大师当然赢得"云南首倡讲宗第一人"的盛誉。

云南有许多少数民族，雄辩大师怀普度众生之心，更善于用少数民族语言阐发佛经，并在语言与非语言的交汇中传布禅宗教义和精神，这在中国历代高僧中实不多见。文史大家王海涛先生赞叹："仅此一点，已足不朽。"老和尚的崇佛敬业精神令人叹服。

禅宗在云南、在昆明立足、传布，还因注重培养"衣钵传承"的接班人。雄辩大师的高足玄坚大师成为其法嗣弟子，并得到元武宗的钦认，命玄坚大师住持本山，成为筇竹寺的第二位著名住持大师。此外，其弟子玄通大师住持华亭寺，玄鉴大师住持太华寺，云林大师住持云居寺等等。这些弟子都成为传扬禅宗尤其是"临济宗"的高僧大德。同时，雄辩大师和当时与之齐名、后住持圆通寺的大休法师一道，开拓并形成云南佛教史上禅宗之极盛期。这样看来，而今筇竹寺定为五华区内的"国家级重点文物"，就丝毫不奇怪

❶ 圆通寺已有 1200 多年的建寺历史，是中国最早的观音寺

❷ 筇竹寺大雄宝殿

❶ 筇竹寺大门

❷ 筇竹寺：云南禅宗第一寺

了。圆通山、玉案山，山中有高僧大德；补陀罗寺、筇竹寺，寺内存历史光辉。

玉案蛇山逸事

五华区，城圈内有山，城外亦有山。城外诸山，也颇多逸事。

寺塔别韵

❶❷筇竹寺五百罗汉塑像（局部）

　　"避尘之木"。昆明城西北，五华区地域内有三华山。因三峰相连，华美雄阔，故有"三华"之称。山上有唐代始建的妙高寺。史书称其"林壑幽奇，栋宇璀璨"，因而三华山又有"妙高山"之名。传言妙高寺有神异的"避尘木"，由是使寺中殿、房常年梁无蛛网、境不染尘。所谓"不假拂拭，自无尘埃"。使得寺庙平添一层"超出凡尘"的圣洁色彩！成为招引善男信女的又一大理由。其实揆诸事理，只是由于寺周多有巨柏，高者达百余尺，树围需二三人方能合抱。加之所在之山，古松葱郁，林木苍翠，皆能挡风吸尘，且古柏本身有馥郁的幽香，能驱走百虫，使得山寺露泡轻尘，林抑虫灰，其中古柏又不落叶，营造了一派清净绝尘的气象，古人把幽净的生态灵异化了，也神秘化了。《新纂云南通志》称："滇中迭遭兵燹，此寺林木独存。"是妙高寺自然环境的实录。惟1980年妙高寺毁于火灾，巨柏也惨遭偷伐，在叹息之余，今天五华人正在努力按"绿水青山就是金山银山"的生态价值理念，重塑山林，使之青山不改，绿水长流，再呈勃勃生机。

　　"妙高奇塔"，在五华区海源乡三华山腹里。原妙高寺对面小山岗上，有一座八级四方密檐砖塔。四方台基上砌四方须弥座，塔刹已毁，仍高7.3米。塔共6层，呈菱形。塔身亦无佛龛，很不起眼，常被人们忽略。其实，6层之塔，在中国佛塔文化中就很不寻常。因为中国的塔一般都为奇数层。在中国文化中，"奇"为大，"奇"为天，"奇"为阳，"奇"为尊。"塔作偶数层的，全国只有十六座"，"可以说是云南砖塔的独特风格"。云南拥有的15座砖塔中，妙高寺这座塔是昆明地区唯一一座佛家偶数塔。

　　为何云南出现偶数塔层？

南诏、大理国时期，云南盛行的是从天竺道和吐蕃道传来的瑜伽密宗，所谓"滇密"。其中又以阿吒力教最为流行。阿吒力僧出世不出家，可以娶妻生子，这是在采取密宗的一种最高修行境界——"男女双修"，吸收的是印度密宗"欢喜天"——男女相抱呈交媾状——的"双体"修行方式，认为从而可以用佛力战胜魔障，以"性力大乐"的表达，成就"无上瑜伽密"中的所谓"乐空双运"的双身修法。而有学者认为，"男女双修""乐空双运"主张的双身修法，云南的偶数塔以具象的方式，呈现这种偶数对应。其中蕴含着阿吒力派"修法由师徒秘密单传，不能公开宣讲"的理念。妙高寺偶数塔，象征的是密宗"妙不可言"的修炼真髓，所谓"不起眼处见眼力"。

和尚塔群之谜。在玉案山马掌峰顶，与筇竹寺隔箐相对处，有相似形制的 8 座和尚塔，即圆寂后的高僧骨殖安放的石塔。其中 7 座都为 4 米左右高度，最高的一座为 5.2 米。据考是同一时间段内修建的，最高的一座有阴刻楷书文字可识："曹洞正宗三十一世开建云品弘法司律沙门上见正贤常么大和尚寿塔"，建塔时间为"大清嘉庆二十年（1815 年）岁次乙亥黄钟月（十一月）"。还开列了若干门人的法名。在昆明地区，"临济宗"和尚塔可称比比皆是，而"曹洞宗"和尚塔仅此一处。这位级别颇高的"三十一世开建云

筇竹寺五百罗汉塑像

品弘法司律沙门"，与他的 7 位同门似乎是相隔不久辞世的，就给人一种诧异，同为僧人，何以同殁同建瘗塔呢？

巧合的是，三华山妙高寺 5 座和尚塔也都是修建于清代嘉庆年间。玉案山智旋和尚灵塔也建于清代嘉庆年间。奇怪的是不太远处属西山区地界内的高峣普贤寺 4 座和尚塔也立于嘉庆年间，更令人惊异的是华亭寺七座塔的和尚都去世于嘉庆十七年（1812 年）。据 1981 年昆明市文管会的普查，这些和尚塔所瘗的僧人并非师徒关系，而多半是同一寺庙同一辈分的师兄弟。一般说，有资格建石塔安置骨殖的都是高僧大和尚，却在同年之内次第辞世，便让人匪夷所思。嘉庆年间究竟发生了什么大事，使这么多不同寺庙而有地位的僧人同时毙命于斯年？那么，没有资格死而入塔的僧众又还有多少？是疾病流行？是沙门厮斗？是其他天灾人祸？山野中奇事异迹，总躲不过历史老人的眼睛，社会事相常常是"无声之处总有声"，给人以探问的启示。

蛇 山 龙 脉

蛇山，又称为长虫山。倒不完全是因为孙髯在其大观楼长联中以"北走蜿蜒"描绘其巨蟒灵蛇之姿才如此显名。蛇山在昆明的山川风水之学中早著名头。"风水学"，本质上是人们对自己居住的大环境（或小环境）的认识、评价、适应与改造的思考结晶。只不过在历史的时间叠加中被术士、巫觋们曲加了许多神秘或迷信色彩。事实上"风"是指风向、气流、气温、雨量、霾雾等有关"天"的自然势态；"水"是指山岭、植被、水域、地貌、土壤等有关"地"的自然势态。讲天讲地，其实是关怀天地之间的人。关怀人的居住环境、住地的布

局规划、河流灌溉、功能安排、植被利用等。古代没有俯察大地的航拍科技，而长虫山顶正是古代居高远眺昆明城之地，便于宏观规划昆明城貌、布局重要建筑物的最佳选择位置。尤其立于长虫山头第一峰巅上的铁峰庵，其地处于铁青色的石峰断裂面的峭壁上，石硬树稀，视野开阔，人们要擘画城池衙寺，除了实勘细察外，铁峰庵是最适于远瞩而又不太远、适于高瞻而正好做布局谋划的制高点。所以，昆明故老传闻有一位查无实据的大风水师汪湛海，立于蛇山之巅将明代昆明城规划为一座龟形的种种说法。倘若果有其事，则铁峰庵一带当是他站立的主要规划观测点，也是古代任何"城市规划师"必选的观察昆明城建的科学测量点。

由于五华区在城垣内的螺峰山、祖遍山、五华山以及商山、虹山（又称银锭山）均为蛇山余脉，因而蛇山从来被视作昆明风水龙脉的主山。其迂回曲折、九起九伏的山势被附会为"艮龙趋乾，掉头向离"的"紫微龙"，视为所谓"帝王征象"，乃至将吴三桂之孙吴世璠在昆明称帝的闹剧，也与之牵强连缀。尽管有不经的色彩，但表明了昆明人对蛇山的重视与敬仰。山上旧有虚凝庵（现虚宁寺）、铁峰庵等庵寺。1927年，中共云南地下党省委书记王德三，就在虚凝庵召开省委干部会议，到会80余人，规模不小。会议传达党的"八七会议"精神。古老庄严的蛇山腹地，也濡染过革命的红色光辉。

长虫山

圆通赏樱

山水街巷　名城履迹

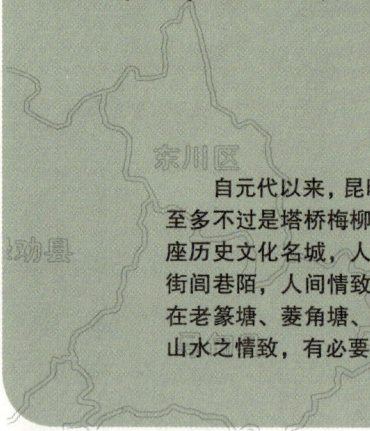

自元代以来，昆明"十景"、滇阳"六景"、清代"八景"，大抵是以自然山水，至多不过是塔桥梅柳为景观对象，殊少涉及红尘烟火、市井人文。而昆明作为一座历史文化名城，人事与街巷相关联，也恰是一轴人文历史的风俗画图。更何况街闾巷陌，人间情致，如五华山、螺峰山、祖遍山、商山、磨盘山、虹山等山脉在老篆塘、菱角塘、潘家湾、波转湾、翠湖、莲花池等水中展开，要认识五华区山水之情致，有必要体味五华区人文之点滴。

山水街巷中的人文韵事

　　五华区，作为昆明这座千年城市长期的核心区域，历史的厚实积淀，使众多的街巷名随便一扒拉，都可以显示某种节奏美感和历史韵律。

　　如一丘田、二蘽街、三牌坊、四吉堆、五福巷……给人一种数字顺序的流畅节奏感。金鼎山、银柜巷、铜牛寺街、铁局巷、玉龙堆、沙朗巷……洋溢着一种天造万物、为我所用的气概。胭脂巷、绣衣街、香灯房、豆腐巷、珠市街、草纸巷、卖线街、卖米巷、盐店街、布主巷……把小城市民为油盐柴米而劳碌的生活状态做了一个直接的铺叙，并透露出俭朴的市井生活。青莲街、黄河巷、绿水河、白云巷、红栅子、翠湖……这些地名以纷呈的异彩，增添了五华区姹紫嫣红的风姿。花红巷、桑子巷、莲花池、桂花巷、大柳树巷、小柳树巷、大梅园巷、小梅园巷、竹子巷、桃园街、芙蓉里……相当程度上勾勒出城市植物生态的绚美和人们喜爱栽花植树的自然情结。金牛街、木牌坊巷、水晶宫、火腿巷、土主庙街……在经意与不经意间把中国传统五行相生相克的基本元素巧聚一处，隐约透露出古朴的生存主义哲理。真是"横看成岭侧成峰，远近高低各不同"。

　　五华区直如一幅铺开的生命画图，在山与水的怀抱中、在地名的旧痕中就可以让人们尽情撷拾故事，或绿海觅珠，或艺海拾贝，或见微知著，或联想绵绵。这又是另一类山水风光。

❶ 一丘田的石板路
❷ 五华区大梅园巷

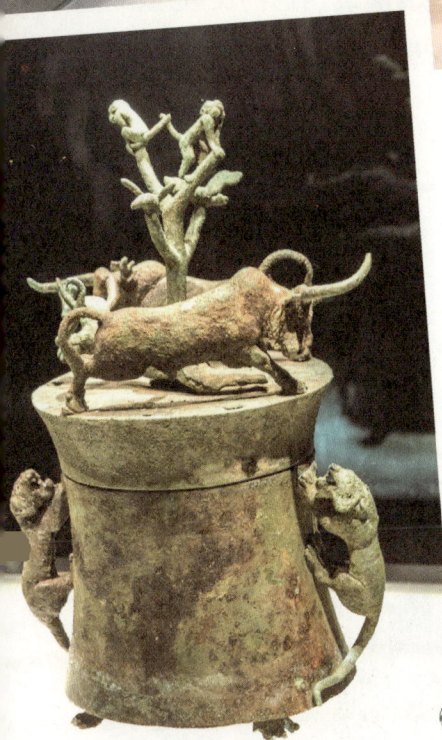

❶ 牛虎铜案

❷ 西汉虎耳动物格斗铜贮贝器

山水街巷里的历史刻痕

　　山情水韵的五华区中，有看得见的实物，有领略得到的历史。

　　牛虎铜案。在五华区走街看巷作城市旅游，印象最突出的恐怕就是"牛虎铜案"。在昆明盘龙江与金碧路相交之处，亦即昆明五华、盘龙、西山、官渡四区划分的分界点上，有一"牛虎铜案"塑像。在五华区内原云南省博物馆门前，也塑有"牛虎铜案"一尊，成为象征云南古代地方文化的历史标识。"牛虎铜案"是在2000多年前古滇国贵族墓葬中出土的众多精美文物中的一件，形象为一条母牛当猛虎扑到其后臀上时，将小牛护在腹下，充满母爱的伦理意蕴，

① 古滇国青铜器：三支俑铜灯

② 原云南省博物馆

表达护犊的无畏精神。硕大的牛头与牛臀部扑伏的猛虎，恰好使铜案重心沉稳，牛的忍痛镇定与虎的凶猛狰狞形成强烈对比。造型别具匠心，线条流畅健美，给观赏者以震撼和遐想。

牛虎铜案以大型街头塑像呈于都市中心的五华区内，意在展示云南深厚的历史文化底蕴。古滇国从战国后期到西汉前期，存在了400年左右。除了原省博物馆展出的"滇王之印"四个字外，神秘的古滇国却并没有文字传下（或尚未发现）。但是，她那众多震惊世界的青铜器物、贝币，被誉为世界"第八大奇迹"！特别是青铜器物中千奇百怪的动物、情态纷呈的人物、丰富多彩的仪式，无疑是古滇国最真实的自然和人文景观，是滇地最悠远的民族风情。然而，又引起我们无限的遐想的神秘的古滇国，你究竟在哪里？

忠爱坊　五华区内矗立着昆明"品字三坊"之一的忠爱坊，为纪念元代云南行省的第一位行政长官——赛典赤·赡思丁。那时，滇池水位很高，常常闹洪涝。省府中庆城要扩容增地养民养兵，赛典赤亲勘地形，委派水利专家张立道炸开海口中汤闸，使滇池水位下降，得到万亩良田。同时修建松花坝水库，利用中庆城北高南低的地势，使松华坝水库灌溉垄亩。并拓宽金汁河，疏浚盘龙江，所谓"开天河于昆明"，让农耕为本的城邑有"足食"。他实施劝农、薄赋政策，贷给农民"牛、种、耒、耜、蓑笠之具"，农民收谷二石，交纳官府的粮食，由一石减到二斗，安定了百姓的生活。还建"学官"，置学田，兴办教育，提倡仁、礼之道。是治滇的"色目人"（他原籍西域不花剌，即今土库曼斯坦附近）中最杰出的一位。

赛典赤主政云南仅仅七年，昆明百姓记住了他。他逝世

忠爱坊

之日，"百姓巷哭"，在今平政街给他建过报功祠，在五里多给他留下衣冠冢，在松华坝地带马家庵给他修葺了坟墓，把一条巷称为"咸宁王巷"（今咸阳巷）。更在通衢大道上为他树起了"忠爱坊"，而且屡毁屡建，感念他"忠于君而爱于民"。坊立在地面上，更立在老百姓心坎上。这是一种历史正能量的传承与象征。

"营"的史迹。昆明有近50个地方以"营"为名，如三合营、张官营、刘家营、马家营、金刀营、麻线营、席子营、豆腐营、黄瓜营……这大多是明朝移民实边、民屯军屯营盘的地名。有明一代270余年，进入滇地军民人数达300余万人。军队实行兵屯，即"三分军事，七分屯田"，自给自足，减少养兵开支。朱元璋自诩"养兵百万，不费百姓一粒米"。驻军自有生产营生，如制军刀、纺麻线、织席子、做豆腐、种瓜蔬等等。今天看，这些"营"大多分布五华区内外。

翠湖公园

重现翠湖片区

　　其中，最有名的莫过于地在翠湖的"柳营"——明初平滇统帅之一沐英所建。当时是骑兵营地。"种柳牧马"训练骁骑，所以近旁称"洗马河"。乃沐英"柳营春试马，虎帐夜谈兵"的军事重地。直到明末，翠湖一带始终为"沐氏别业"，等闲之人只能敬而远之。数百年岁月，弹指而过。今天的翠湖早已辟为公园，庶民大众，尽可免费入园。今天，恢复重塑出"柳营洗马"的历史景观，任人凭吊。

　　逼死坡　明代有两个皇帝驻足过昆明。一个据说是明初被叔叔夺去皇权的建文帝，他曾假扮僧人避难昆明。在五华山的五华寺"挂过单"，在昆明西山太华寺亲植银杏树一株，至今还在。另一个是南明桂王朱由榔，即永历帝，他由广东肇庆辗转广西桂林、贵州安龙，最后落脚昆明，先在云南贡院驻跸，不久移往五华山，建立了"滇都"，作为抗清的一个皇权

昆明洪化桥
的老民居

象征。最后，吴三桂大军压境，永历帝君臣父子仓皇逃入缅甸。吴三桂又兵威缅界，逼缅王交出永历帝父子，押回昆明，在今五华山的华山西路篦子坡金禅寺用弓弦勒死。民间同情这位被杀的皇帝，将篦子坡改称"逼死坡"。民国元年（1912 年），云南督军蔡锷以"云南三迤士民"的名义，在金禅寺旁立"明永历帝殉国处"碑。民国元年是推翻清王朝之后新纪元的开始。此时立碑，自有借永历帝之事，庆祝辛亥革命胜利之意。

洪化桥 一个普通的地名，却隐藏着一段腥风血雨的历史。清初入滇的吴三桂，被清廷封为"平西王"，他拥兵割据，在云南 20 余年，田赋增加 10 倍，盐税增加 4 倍。他尤不满足，自觉得羽翼丰满，于康熙十二年（1673 年）掀起了反清的"三藩之乱"，一度西南 10 省称帝。吴三桂死后，其孙吴世璠继位，改元"洪化"，三年后被清廷平复。吴世璠的洪化府，就在翠湖畔今天云南省图书馆和讲武堂一带。今天"洪化"年代的刀光剑影早已逝去，但"洪化桥"的地名还存留着历史的尘埃。

光华街。这是一条命名逾百年的老街。位置在今胜利堂前，原名东院街。因今天胜利堂所在地是清代云贵总督府，称"东院"。不远处是云南巡抚衙门，称为"西院"，西院门前是"西院街"。1911年辛亥革命爆发，云南响应起义，胜利后，宣告结束清王朝在云南的统治，除旧布新，将"东院街"改名"光华街"，取"革除满清统治，光复中华"之意。又将其附近的"满洲巷"更名为"华兴巷"，五华山上的主楼命名为"光复楼"。用街巷新名对辛亥革命的纪念，充满革故鼎新的磅礴气概。与此同时，五华区的街巷也出现了"民生街""民权街"等纪念民主革命胜利的新地名。百年老街，镌刻着百年的光华！

护国桥　有人说近代革命史上，云南有两次"敢为天下先"的壮举，其一就是"护国运动"。中华民国建立后，身为

❶ 护国桥
❷ 护国门碑记残碑

民国大总统的袁世凯一心要把"中华民国"变为"中华帝国"。于是在 1915 年 12 月 12 日，他自称"中华帝国皇帝"，以次年为"洪宪元年"。同月 25 日，云南宣布"护国讨袁"，组成护国军出兵川、黔、桂，同兵力数倍于己的北洋军展开鏖战。梁启超先生感叹云南"以一隅而抗天下，开数千年历史之创局；不计利害为天下先，拯国命于垂亡，当为全民感谢！"护国首义得到全国响应，北洋军阀分崩离析，袁世凯被迫于 1916 年 3 月 22 日宣布取消帝制，护国战争胜利结束。"洪宪帝制"的闹剧仅演了 83 天。为纪念护国首义，1919 年昆明市政当局把在城南修建的双孔石拱桥命名为"护国桥"，改"小南门"之名

❶

❷

❶ 1915 年 12 月，护国军出征

❷ 1915 年 12 月，云南各界庆祝独立纪念

① 抗战胜利纪念堂
② 参加护国首义的蔡锷

为"护国门"，还将原来的"绣衣街"改称"护国路"。五华区的一桥、一门、一路，镌刻着云南近代历史的无上光荣。

抗战胜利纪念堂　这是五华区内一座庞大的宫殿式建筑：中式斗拱，飞檐灵动而庄重。彩画梁坊与青灰色的建筑色调互为映衬，配以西式风格的墙体和门窗，与总体上是传统歇山式琉璃巨大屋顶产生合而不同、浑然一体的典雅气势。1945 年 12 月，胜利堂由著名的上海陆根记营造厂设计，经一整年施工建成。2006 年国务院以"抗战胜利纪念堂"的名称，公布为全国重点文物保护单位。目前，它是全国唯一一座抗战胜利纪念堂，用以缅怀和铭记云南人民在抗日战争中可歌可泣的悲壮业绩——

其一是"滇缅公路"。这条由昆明通到缅甸重镇腊戌，全长 959.4 公里，上半段从昆明到下关

426.6 公里的毛坯路，由 16 万云南民工经 12 年修成，已属不易。1937 年 7 月日寇全面侵华，沿海港口岌岌可危。修筑一条联通缅甸，使国际援华的物质进入中国的陆上公路，迫在眉睫。如果按以往施工速度，余下的 500 多公里道路，修筑时间得在 10 年以上。面对"中华民族到了最危险的时候"，伟大奇迹发生了：从 1937 年 12 月到 1938 年 9 月，云南各族 20 多万名民工，用锄挖、筐抬、肩挑、人扛；用大锤、钢钎、石滚碾压的粗陋工具，挖填土石方 2200 多万立方米，修建大小桥洞 2000 多座。因工伤、塌方、落江、疟疾牺牲的同胞两三千人，仅用 9 个月便修成了下半段全场 532.8 公里的抗战之路。世界惊呼这是"世界筑路史上的奇迹！"美国驻华大使詹森动情地说：滇缅公路的修成"全赖沿途人民的艰辛耐劳精神，这种精神是

滇缅公路

全世界任何民族所不及的！"这条用血肉筑成的抗战之路，为中国和世界反法西斯战争做出了巨大贡献！

其二是"南洋华侨机工"。滇缅路上驾驶汽车运送货物的司机和修理工，基本上招募的是东南亚各国华侨，史称"南洋机工"，共 3200 余名。他们大多在国外有着优越的生活条件，为了积极支援中国抗敌斗争，他们毅然放弃安稳的生活和工作，自愿来滇。冒着日本飞机轰炸、坡陡弯急、瘴疬流行的艰危处境，他们日夜驾车奔驰在滇缅公路上，运送抗战物资。每三人中就有一人牺牲，他们用血肉之躯投入抗战的洪流中。他们"赤子功勋"的爱国业绩，镌刻在昆明西山高高的纪念碑上，长存在中国人民的心间！

其三是"驼峰航线"。1942 年日军切断滇缅公路运输后，中美空军混合大队成立。在被称为"驼峰"的世界屋脊上开辟了一条

国际空中航线，是第二次世界大战中持续时间最长、飞行条件最凶险的空中航线。在单行航程 700 英里，三年多时间内，2000 多架运输机在气象复杂、常常夜晚飞行，还有日本军事骚扰的"死亡航线"上，运输了 80 多万吨抗战物资。其间，609 架飞机坠毁，中美飞行员牺牲 2000 余人。悲壮之极！应当永铭。

其四是"滇军出征"和"滇西抗战"。抗战之初，滇军 60 军 20 万人从昆明出发，开赴抗日前线，其中 10 万名以上将士为国捐躯。抗战后期，滇西"松山大捷"，收复怒江以西沦陷的国土，牺牲惨烈，是整个抗战时期中国军队用武力将日寇逐出国境的唯一战役。其中又有多少云南儿郎的热血献身。鲁迅先生有言：中华民族从来就不缺少埋头苦干的人，不缺少拼命硬干的人，不缺少舍生取义的人，不缺少为国捐躯的人，这是我们民族的脊梁。

其五是一二一大街。因 1945 年昆明的"一二·一"运动而得名。抗战胜利后，人们切盼和平，切盼民主。但国民党反动派为维护独裁统治，却发动内战。其反动行径，大大背离了民心民意。1945 年 12 月 1 日，国民党特务、军警，殴打并投掷手榴弹镇压为争取和平民主的学生，造成师生四人牺牲，以

❶ 飞越驼峰航线的飞机

❷ 昆明"一二·一"运动

西南联大、云南大学为首的师生继续战斗，在联大图书馆设灵堂公祭"四烈士"，抬棺游行！路经五华区和盘龙区的主要街道，强烈抗议反动派的无耻行径。全国各界纷纷声援，爱国民主运动日益高涨。一二一大街铭刻着云南民主运动的刚毅坚卓！

　　五华区的山水间包孕着历史的沧桑，丰富的文化内涵，英勇的人物身影，巨大的精神财富，自然的山水不朽，人文的风光长存！

昆明"一二·一"运动

武成路中和巷居民小院

山水街巷表述的时代色彩

　　五华区，作为千年古城昆明的区划地域，在其山水的空间里，总是把各个时代的不同色彩记录在文化的年轮中。

　　从街巷地名看，古代忠、孝、节、义的儒家伦理，在五华区街巷中就有"尽忠寺坡""崇孝巷""敬节堂巷""义生巷"等等。如"中和巷"阐释的是"不偏不倚""无过无不及""叩其两端执其中"的中庸理念；"咸和铺"倡导的是"心平气和"为人处世的原则；"里仁巷"则直接将《论语》的篇名作为地名。官本位思想浓厚的古代城市，以官府衙门为地名标识是天经地义。今五华区地域内，清代总督衙门正对的"甬道

街"和云南府衙门正门对的"府甬道",那是总督大人和知府大人出入的车马道。威远街旧名"布政司街",俗称"藩台衙门"。景星街叫"粮道街",因有粮道官署得名。制台衙门前称"辕门口"。南教场前叫"营门口"。圆通街上的昆明县衙门前叫"衙门口"。端仕街原名"断事司街"。翠湖宾馆旁的小街称"皇华馆"（接待主持贡院考试的主官等）。五一路中段称"前卫十字街"。青云街曾叫"左哨街"。华山南路中段叫"大营门"。还有依照"霄禁"下木栅栏的地方,叫"红栅子""后栅子""前栅子"……

1949 年以后,新中国,新气派,新街名。连通昆明城东到城西的是"人民路",表明人民当家做主人的豪迈;纵贯昆明城南北的通衢大道是"北京路",表达各族人民心向北京;"东风路"透露了冷战年代"东风压倒西风"的认知方式,或许还有"东风催人"的迈进精神。"五一路"宣告的是"工人阶级领导一切"和"劳动光荣"的政治理念。"建设路"表达了摆脱"一穷二白"、建设新国家的千年夙愿。"青年路"寄

❶ 东风西路

❷ 小花园街心金鱼水法

寓的是"希望在青年身上"的时代愿望……

五华区地名还在不经意中，勾勒出城市的某些历史面貌，透露着丰富的地理信息——

其一，叫"湾"的地方很多，历史上有汉城湾、翠湖湾。今天还有潘家湾、波转湾等，"湾"多就是水多。其二，叫"桥"的不少，桥多就是河多，今天还有霖雨桥、敷润桥、南太桥、德胜桥等。昔时更有永清桥、鸣远桥、假溪桥、月明桥、龙门桥等等。其三，叫"井"更多，井多就是院落居家多。反映过去的昆明地下水丰沛，水位高，家家可就井汲水。今有大井巷、小井巷、四方井巷、双眼井巷、打水巷、清泉巷、汲水巷等。其四，叫"龙"的

也多，龙是水的主宰和化身。今有白龙潭、蓝龙潭、龙王村、龙泉路等等。湾多、桥多、井多、"龙"多，展示出昆明水城的地质风貌，也提示我们，在这个高原水城，用水、理水、管水及涵化水源的重要。

街巷的名称在时间的洗刷下当然会不断改变，但时代总会给它染上特殊的色彩。五华区的山山水水，其间生活的士庶官民，他们的业绩故事，成为一种令人难忘的文化风景，以自然山水为背景，演绎为历史风云。

❶ 南太桥

❷ 小巷里的老井

❸ 昆明市民在得胜桥上观鸥

第二章
滇云首府

今天，昆明是云南省会，省政府所在地。而昆明市五华区，从元朝建立云南行省以来，又一直是相当于今天云南省和昆明市政府机关的落脚点，堪称"滇云首府"。然而，昆明市五华区成为"滇云首府"所在地，却是经过千百年来历史的选择。

千年沧桑　省府未定

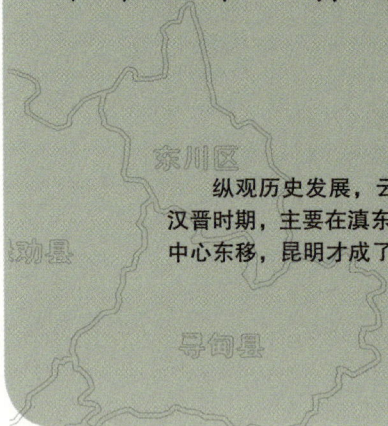

纵观历史发展，云南政治、经济、文化中心，原先并不在昆明。大体说来，汉晋时期，主要在滇东北；唐宋，也就是南诏、大理国时期，主要在滇西。后来，中心东移，昆明才成了全省的中心。

"滇"国古都在哪里？

星移斗转，日月如梭。在漫长的历史长河中，滇池地区的古人类形成了"滇人"，洱海地区的古人类形成了"昆明人"。当中原地区经历了夏、商、西周，到东周的春秋战国时期，各诸侯国互相大混战，大兼并。战乱中，华夏各族相互大流动，大融合。春秋五霸、战国七雄相互进行了长期的战争。

在兼并战争中，为了发展实力，南方的楚国决定向南扩展。公元前279年，楚顷襄王派将领庄蹻率军入滇，征服夜郎国等，一直攻打到滇池地区。后来，秦楚争霸中，秦军占领黔中等地，切断了庄蹻的回归之路。无奈之下，庄蹻便"以其众王滇，变服，从其俗，以长之"。融合于"滇人"之中，并称"滇王"。"庄蹻入滇"的故事，被颂为民族团结的丰碑，增进了西南与内地的联系。

既然不能返回楚国，庄蹻便在滇池边上筑城称王，从而建成了滇池地区最早的城市，并取名"且兰"，亦作"苴兰"。这就是昆

滇王之印

明最早的"前身"。但是，这个最早的昆明城——且兰的治所在哪里？学界说法不一：一说在今晋宁区的晋城；一说在黑林铺原平板玻璃厂一带。其中，以"晋城"说占主流。从晋宁石寨山出土的金印"滇王之印"看来，最早的昆明城——且兰，也许是在今天的晋城附近。后人称之为"庄蹻故城"。

汉代"谷昌"今何在?

当今昆明城，到了汉代，叫作"谷昌"城。

"谷昌"这个城名，不仅存于汉代，大概在以后相当长的时期内，即三国、两晋、南北朝时期，也都有这种称呼。

此外，当时的昆明还有一个名字，叫作"郭昌"。

汉代，在滇池地区设益州郡，下辖若干个县，谷昌县是其中之一。为何叫"谷昌"？唐代樊绰著的《蛮书》说："城（指当时的拓东城）之东十余里有谷昌村，汉谷昌王故地也。"这里说的"汉"指汉代，"谷昌王"应是当时的一个部落酋长。"城之东十余里"是谷昌王管辖的谷昌村，在南诏国建立的拓东城之东十余里。有专家考证后得出结论："谷昌"遗址，大概在今天金马山西麓的黑土凹、跑马山一带。

这就是汉及以后相当长的一个时期里，当今昆明治所所在地。

汉代，为什么把"谷昌"又叫作"郭昌"呢？这是汉武帝时期的故事。汉武帝时，派将军郭昌征讨西南夷。《汉书·武帝本纪》称，元封二年（前109年）派将军郭昌、中郎将卫广发蜀兵征服滇中的"劳浸""靡莫"等部落。滇王"常羌"归附了西汉。之后，汉帝除了赐印加封常羌为"滇王"外，又命郭昌、卫广继续平定"西南夷未服者"。同时，设郡县管治滇中。在益州郡下设县，今昆明为谷昌县，昆阳为建伶县，晋城、呈贡为滇池县，安宁为连然县，富民为秦臧县。

铜贮贝器上的战争场面

当时之所以把"谷昌"叫"郭昌"，是因为郭昌将军平定滇中后，声威大振，便以他的名字来命名，所以取名"郭昌"。

南诏"拓东城"

到了隋唐时，昆明城的名字又改了，叫作"昆州"。

"昆州城"是隋文帝时设置的。《旧唐书·地理志》说："昆州，汉益州郡也。"据说是因"昆池"而得名的。《蛮书》称："昆池在拓东城西南北百余里……水源从金马山东北来，……水阔二丈余，清深汛急，至碧鸡山下，为昆州，因水为名也。"这个"昆州城"的遗址又在哪里？有专家说，它可能在今天的碧鸡关下，滇缅公路左侧一带。今天，这一带已经变成了城区，其中有条街道被命名为"昆州路"。便是为了纪念隋唐的"昆州城"。

顺便说一句，"昆明"这个地名，在这个时候，出现了一半，有了个"昆"字。而且这个"昆"字，是因"昆池"（今滇池）而得名的。

"昆州城"的衙门在何处？至今也没有专家和老昆明人能说出个所以然，也还是个未知数。

到了唐玄宗朝以后，在昆州之外，又有人在今昆明地区开辟了一个新城，叫作"拓东城"。这个新的"拓东城"的开辟者，却是远在滇西的南诏国王阁罗凤和他的儿子凤伽异。

7世纪中期，唐朝中央政府为了加强对西南地区的统治，实行扶助蒙舍诏、攻打吐蕃的政策。当蒙舍诏统一洱海地区建立南诏国后，唐玄宗封南诏王皮罗阁为"云南王"。此时，南诏与唐王朝的关系密切。但是，后来由于唐朝统治者的民族政策失当，致使南诏与唐朝交恶，最终爆发了长达44年之久的

城址变迁图（南诏—明清）
Evolvement Map of City's Location (From Nanzhao Kingdom to Ming and Qing Dynasty)

南诏大理元明时期昆明建城沿革示意图

"天宝战争"。

就在唐廷与南诏交恶期间，出于政治、经济和军事上的长远考虑，南诏王阁罗凤决定从滇西向滇中和滇东发展。763年，阁罗凤亲临滇池地区考察后，认为这里"山河可以做屏藩，川陆可以养人民"。于是，便在这里始建新城，并取名"拓东"，意在"向东开拓"。阁罗凤命凤伽异以"二诏"（副国王）的身份在此镇守，设拓东节度使。称拓东新城为东都、东京或上京，是仅次于大理的第二个政治、军事、经济和文化中心。

840—859年，南诏王劝丰祐又进一步加大对拓东城的经营，掀起了第二次建城高潮。于是拓东城替代了隋唐时期的昆州城，迅速发展壮大。后来的南诏诸王，不断光顾拓东城，甚至有人常住拓东城，说明滇云首府、滇云的中心正在向拓东城转移。

那么，拓东城旧址在哪里呢？综合不少专家的看法，拓东内城大体在今拓东路、和平村、塘子巷一带。南诏时建立的东寺塔、西寺塔及其他寺庙，如常乐寺、慧光寺等，又建在城外。而著名的东、西二寺塔，则一直耸立在今天的五华区内。

"东都" 鄯阐城

南诏后期，已将拓东城改名为"鄯阐城"。

937年，通海节度使段思平联合滇东"黑爨"三十七部进军大理，夺了南诏政权，建立"大理国"，定都阳苴咩城（大理）。大理国共八府，"鄯阐"为八府之一。但鄯阐城仍为大理国"东都"。

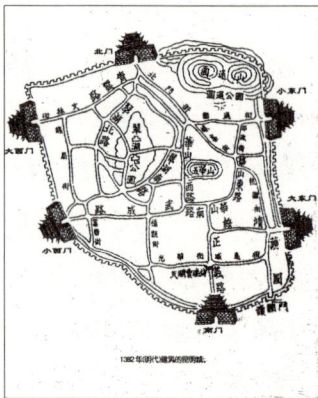

关于鄯阐城的位置，学界也存在争议。综合不少专家的看法，鄯阐城仍旧在原拓东城的基础上，越过盘龙江，向西向北发展。其北边到达今天的五华山，到了大理国的中后期，在今天金碧路东段修筑了"新城"，故称"新城铺"。总之，宋代时期的大理国鄯阐城比拓东城大大扩展了。

昆明历史发展到这个时候，过去千百年来，城址无定所，忽东忽西，忽南忽北，漂浮不定的时代结束了。在拓东城的基础上，发展起来的鄯阐城，为后来成为省会的昆明城打下了坚实的基础。

还有一个值得注意的问题是：作为一个城市的领导机关的所在地，在过去的城池中，连影子都找不到。到鄯阐城时，总算有点眉目了。在李孝友先生所著《昆明风物志》中，所绘《南诏大理元明期间（764—1658）昆明建城沿革示意图》里，把大理国东都的"衙门"与元代行中书省和明代布政司都定在同一个地点，那就是位于今天五华区威远街的中国人民银行所在地。或可聊备一说。

然而，鄯阐城还只是大理国的"行宫"，还并非其中枢所在。但从"拓东城"到"鄯阐城"的发展，可以预见的是，昆明成为云南全省的"中枢"，由"副"变"正"，成为全滇"省会"的时间，已经为期不远了。

武器：立犬铜矛

元代行省　首府在兹

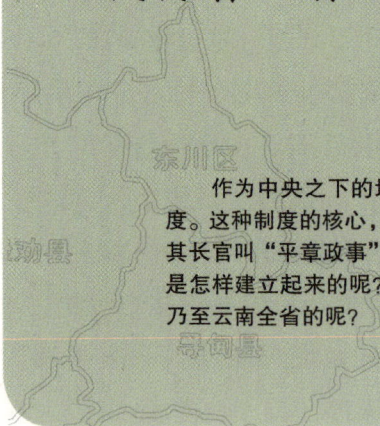

作为中央之下的地方机构，省一级机关的出现，中国始于元代的"行省"制度。这种制度的核心，是在中央设中书省，总理全国政务；在地方设"行中书省"，其长官叫"平章政事"，相当于省长，管理全省军政大事。那么，"云南行中书省"是怎样建立起来的呢？云南行中书省又建立在哪里？蒙古贵族又是怎样治理昆明，乃至云南全省的呢？

"元跨革囊"灭"大理"

昆明大观楼孙髯翁所作长联中的"元跨革囊"，也就是蒙古大军用羊皮筏横渡金沙江，攻占大理国的故事。

当时蒙古的最高统治者"大汗"是蒙哥，史称"元宪宗"。正是这个宪宗命忽必烈率军攻大理。在宪宗三年（1253年）六月至十二月，半年左右的时间里，忽必烈就攻占了大理。他遵照"兵马未动，粮草先行"的原则，先做好攻打大理的物质军需准备。之后，又按"先礼后兵"的规矩，派玉律术等三位使臣先后两次前往大理说服大理国王段氏归顺。不但未果，使臣反遭杀害。仁至义尽之后，忽必烈兵分三路，进攻大理，所向披靡。兵临城下，攻占大理、鄯阐等城。大理国王段兴智逃往昆泽（今宜良），被俘之后归顺。至此，统治云南317年的大理国灭亡。

在忽必烈灭大理的过程中，蒙哥驾崩。蒙哥一死，王族兄弟间争王位的斗争迅速白热化。此时，忽必烈迅速离开云南，率军北上，留下大将兀良合台镇守云南。几经较量，忽必烈打败王权竞争对手，也就是他的弟弟阿里不哥，夺得了王位，史称"元世祖"。

云南设省 "昆明" 首现

元朝中央政府对云南的有效管辖是渐进的，行省制度的实行也有一个过程。

在建立云南行省这一"省"级机构之前，蒙古贵族政权在昆明和云南是实行军事管制的。建立军政合一的万户府、千户所、百户所等地方政权，对昆明和云南进行有效的管辖。元宪宗蒙哥在原大理国的基础上，共设置了 19 个万户府。其中，把原鄯阐分为 4 个万户府。在这些万户府中，就有一个"昆明"千户所。

于是，"昆明"这个地名，就这样悄然现身，逐渐替代了此前"鄯阐""鸭池""押赤""中庆"等名称。纵观历史的发展与演变，"昆明"这个地名的演变轨迹，经历了苴兰—谷昌（郭昌）—昆州—拓东—鄯阐—中庆（押赤或鸭池）—昆明。

赛典赤·赡思丁墓

1260 年，忽必烈即位后，为了加强对云南各族的统治，于 1273 年选派赛典赤·赡思丁主政云南。鉴于云南长期政局严重不稳，忽必烈要求他以"谨厚"的方针，把云南局势稳定下来。1274 年，赛典赤·赡思丁来到云南，并着手建立行省。1276 年，赛典赤·赡思丁把军事统治时期所设置的万户、千户、百户，改为路、府、州、县，正式建立了"云南行中书省"。同时，宣布把政权中心由大理迁到中庆（昆明）。从此，"云南"正式成为了省一级行政区划的名称，昆明也正式成了云南的"省会"。

作为一种地名文化来研讨，当时的忽必烈、赛典赤等，为何把我们这个边疆地区冠以"云南"一省之名，而称之为"云南省"呢？在《元史》中有这样一段记载：

① 忠爱坊
② 正义坊

思丁》），"如丧父母"（元·李京《云南志略》），"老稚悲哀之声，连日不绝"（《元英宗正统实录》卷四十一）。"在云南历史上，一位政府官员去世后，在各地，尤其在民间引起极大的悲恸，以至史不绝书者，赛典赤堪称古今第一人！"

为了纪念这位深受云南各族人民爱戴的好"省长"，他死后，人们在市中心的三市街，修建了"忠爱坊"，以示其功德无量。坊名为"忠爱"，意为他"忠于君而爱于民"。"忠爱坊"曾于清咸丰七年（1857年），毁于战火。清光绪八年（1882年）云贵总督岑毓英筹款重建。但在民国十三年（1924

2

年）又因牌坊旁的油腊馆起火，火势蔓延，将"忠爱坊"烧为灰烬。后又重建。1999 年，举办世博会时，因道路改造又被拆除。如今的"忠爱坊"是昆明市政府于 1998 年重建的。

"忠爱坊"与"金马坊""碧鸡坊"被昆明人称为"品字三坊"。其中，以"忠爱坊"建造的时间最早。老昆明把立在正义路、三市街和金碧路一线上的牌坊，依顺序称为"一牌坊"金马碧鸡坊、"二牌坊"忠爱坊、"三牌坊"天开云瑞坊、"四牌坊"万寿无疆坊（今正义坊）。每座牌坊都有着云南深厚的历史文化底蕴，构成了昆明成为"历史文化名城"的重要内涵的一部分。这些著名的牌坊，除了金马、碧鸡坊在今西山区外，其余的都在五华区境内。

赛典赤逝世后，元世祖忽必烈于至元二十一年（1284 年）任命赛典赤之子纳速剌丁为新的云南平章

❶ 三牌坊之一，天开云瑞坊

❷ 忠爱坊

政事，继续巩固新建的云南省政权。但是，为了控制云南省
权力的扩大，1290年，元世祖又封皇长孙甘麻刺为首任"梁
王"，代表皇帝在云南进行统治。"梁王"可以干预和监督行
省的一切，而行省却无权干预"梁王"的活动。这一世袭职
务，一直延续至元亡。

明代"三司" 一时"帝都"

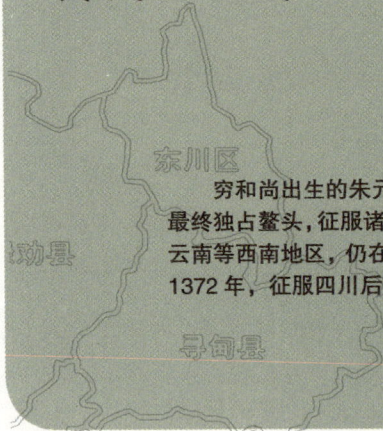

穷和尚出生的朱元璋，在元末南北方诸多"红巾军"起义中，依靠郭子兴起家，最终独占鳌头，征服诸路红巾军，灭了元朝。于1368年称帝，建立明朝。此时，四川、云南等西南地区，仍在农民起义军明玉珍和蒙古贵族梁王把匝剌瓦尔的统治之下。1372年，征服四川后，朱元璋在南方的心腹之患就只有云南了。

三将入滇 改朝换代

朱元璋想不战而胜，先后派王祎、吴云前来云南昆明招降。但是，被元朝中央分封为"梁王"、统治云南的把匝剌瓦尔，在退回北方的蒙古政权的胁迫下，不仅不降，反将朱元璋的使臣杀害。

政治方式解决失败后，朱元璋于1381年命傅友德、沐英、蓝玉三位将军，以傅为统帅，沐、蓝为副，率30万大军进攻云南。

当时，云南的形势是：把匝剌瓦尔及其部将行省右丞观音保、行省丞相达旦麻等，在昆明、曲靖一带率军抵抗；元行省平章大理地区段世及大理宣慰段明兄弟死守大理和滇西；元右丞实卜纠结乌撒、乌蒙、芒部、东川等地的农奴主、奴隶主进行反抗；蒙古官吏也先忽都等勾结金齿（保山）、车里（西双版纳）、普舍（玉溪）等地的土官、土司进行割据。

明军1381年8月出发，对云南进讨。12月，攻下曲靖、昆明等地。梁王兵败后从昆明逃至晋宁，率全家投滇池自杀。1382年2月，明军在云南全省获胜，迅速平定了元残余势力在云南的反抗。云南地区从此改朝换代，步入了明朝统治的新时代。

明代"三司" 黔国公府

朱元璋是个十分独裁专制的皇帝，为了将中央及地方的大权，都集中于他一人之手，他实行了一系列措施。在中央，他利用有人"告发"丞相胡惟庸谋反，废掉丞相，将丞

相的权力分给六部；六部长官"尚书"各自向皇帝负责。从而把中央大权集中于皇帝手中。在地方，废除元代的行中书省，不设"省长"一职。改设"三司"，即管行政的"布政使"，管司法的"按察使"，管军事的"都指挥使"，各自分管地方大权，也直接向中央负责。这样一来，把地方大权也集中在皇帝手中。

在军队中，他改"大都督府"为前、后、左、右、中"五军都督府"，分别管中央和各地的军队。这些"都督府"都听令于皇帝，调动一兵一卒，都得由皇帝批准才行。从而把军队、军权都集中他手中。集中了中央、地方、军队大权后，为了更好地控制全国文武百官和平民百姓，又搞"厂卫"制度，建立锦衣卫、东厂、西厂，实行特务监视统治。从而，把全国都给镇住，谁都不敢说二话。

朱元璋控制了有形的东西后，还要把无形的思想意识也控制起来。改革科举制度，实行"八股取士"。将所有知识分子，都囚入"死读书，读死书""两耳不闻窗外事，一心只读圣贤书"的牢笼之中。加上大兴文字狱，从而，控制了文化和意识形态，把"无形"的思想管控也集中在皇帝手中。

在这样的大背景下，云南行中书省，习惯上省名还在，还保留着"云南省"的名称，但省政府被废除了，"平章政事"也取消了，没有总管全省军政大事的"省长"。只有权力平行，谁也管不了谁，大家都直接听皇帝之命、直接对皇帝负责的"三司"长官。傅友德、蓝玉、沐英所率明军1381年在云南取得胜利后，明王朝设立了云南都指挥使司和云南布政使司。后来，又设立了云南按察使司，分别管理云南的军事、行政、司法职能。

据《云南通志》载，明代布政使司建于洪武十五年（1382年），其司内设有经历司、照磨所、理问所、司狱司、济用库等机关。布政使司的办公地点在原大理国段氏"东府"，元代行中书省内，也就是今天的威远街与正义路交口的中国人民银行内。都指挥使司"在布政司南，洪武十五年（1382年）建。经历司在司内，断事司在司外至东南"。提刑按察使司"在布政司西南，成化十年

清末民初时的昆明（云南府）街道图

（1474年）建。经历司、照磨所、司狱司，俱在司内"。从《云南通志》的描述可知，明代云南"三司"，都设置在今五华区威远街和庆云街这一板块内。当时，这里就是云南省政治机关的中心。

云南战事基本安息后，傅友德、蓝玉奉命班师回应天府（南京），朱元璋留下沐英镇守云南，意在让他代表中央政府，管好这个遥远的边疆省份，作为皇帝的代表平衡好"三司"之间的关系，迅速处理好云南的大事。可以说，沐英在云南的地位，是个不是"省长"的"省长"。让他以"西平侯""黔国公"始祖的名义，以总兵官挂"征南将军"印，镇守云南，开始了沐氏世袭镇滇200多年的历史。

沐英逝世后，长子沐春承其业。沐春卒，无子，由弟沐晟继其业。沐晟被封为"黔国公"，其父则成为"黔国公"始祖，故历史上把沐英也称为"黔国公"。沐英逝世后，被皇帝追封为"黔宁王"，是明代官员中唯一一位侯爵追封为王爵的功臣。从沐英的历史档案中，人们可知其一生对朱元璋情同父子，忠心耿耿，才华出众，能征善战，战功累累。把这样的一个人放在皇帝鞭长莫及的遥远边疆守卫疆土，维护高度中央集权的大明江山，是绝对让朱元璋放心的。

西平侯、黔国公沐英也没有辜负朱元璋的期望。他在云南大兴屯田，劝课农桑，礼贤兴学，传播中原文化，安定边疆，功绩显著。那么，作为"黔国公"始祖，沐英把黔国公府选在何处营造呢？据载，今昆明五华区内的"抗战胜利堂"，就是当年的"黔国公"府。在明初，这又是一个什么样的地方呢？让我们的思绪穿越时空隧道，看一看当时这个地方的状况吧。

古时候，当今的五华山，从小西门蜿蜒而上，构成今人民中路西段的磨盘山；由西站经文林街、云大等往东爬的螺

清末民初时的昆明（云南府）街道图

峰山（圆通山）；从青年路由东往西攀的祖遍山；由师大逐步上升至民大的商山等等，在当时都只是浩瀚滇池中的一些岛屿。翠湖则根本不存在，只不过是螺峰山、磨盘山与五华山下的一个港湾罢了。后来，滇池水位逐渐下降。到元代赛典赤主政云南、治理滇池之前，今潘家湾一带，依然与翠湖连成一片，仍是滇池的水域。到了元代，滇池水位逐渐下退后，原来的那些滇池岛屿，这时也成了森林密布、藤草蔓生、雄鹰盘旋、走兽出没的山峦。

但是，这些山峦的山下、山腰，乃至山顶上，也逐渐被开发，出现"商山樵唱"、炊烟袅袅的人间世相了。经赛典赤治理滇池后，滇池水位进一步下降，翠湖（菜海子）形成了，湖口的沼泽地成了"蒲草田"，水干后修了条"洗马河"，"蒲草田"改称为"水华圃"，才渐渐有了"潘家湾""篆塘"……

就在这一变化中，沐英选了今胜利堂建"黔国公府"。当时，这个地方北靠磨盘山（今人民中路），东临五华山余脉（今正义路），西有磨盘山余脉（今五一路），这里正处于三山腰部的凹处。南方面对的是开阔的昆明坝子和浩瀚的滇池，山上林木郁郁葱葱，山下街舍有序，远方波光粼粼。好一块风水宝地，有一个战略要冲！

消失多年的"洗马河"
景观重现翠湖畔

国公沐英　改筑砖城

黔国公沐英在云南办了很多好事，其中影响最大的是修筑昆明砖城。

洪武十五年（1382 年），沐英开始对昆明进行大规

昆明砖城：明代
城墙残段

模的修建，一改以前的土城墙，而用砖筑城墙，这就成了永久性的工程。这座砖城面积三平方公里左右，其城墙东起今天的圆通山昆明动物园大门，向南经青年路，转南屏街、东风西路，到潘家湾、小西门，再经新建设电影院大坡、云南师大实验中学，东转文化巷底、云南大学，然后沿整个圆通山北梁，再向东连接到动物园大门。城墙高达9.7米，全长约4650米。这座明代砖城，全在五华区的辖区之内。

这座砖城的墙，两侧用砖砌成，中间夯以泥土。每块砖长33厘米、高18厘米、厚12.5厘米，重达12.4公斤。能烧出这样的大砖，可见当时昆明的手工制作业已有相当高的水平。

明代昆明砖城，其形状从几何学的角度看，是一个不太规则的梯形，西北面呈方形，东南面呈三角形。从生态学的角度看，则像是一只伸出四足，昂首露尾，正在向南爬行的大乌龟。因而，人们将之称为"龟城"。此砖城一共开了6道门，每道城门上都建有城楼。

城南门是龟头，建在今近日公园广场上，门叫"崇政门"（清代改为"丽正门"），城楼称"近日楼"；北门是龟

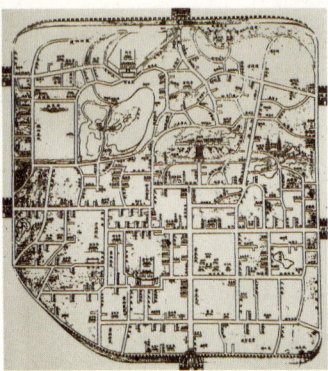

明代云南府砖城
（龟城）地图

尾，建在今北门街省歌舞剧院与昆明第三十中学门前，门叫"拱辰门"，城楼称"望京楼"。龟的四只脚，则分别叫大东门、小东门、大西门、小西门。大东门建在今人民中路、小花园公交站一带的位置上，城门叫"咸和门"，城楼称"殷春楼"；小东门建在今圆通街与青年路交会的"桥香园"过桥米线馆处，城门叫"敷泽门"，城楼称"璧光楼"；大西门建在今文林街与龙翔街交汇处的新建设电影院前，城门叫"宝成门"，城楼称"拓边楼"；小西门建在今东风西路与人民中路（原武成路）交会处的"龟背"立交桥处，城门叫"威远门"，城楼称"康阜楼"。

沐英修建的这座云南府砖城，与元代的中庆城相比，又继续向西北方向拓展了。向西，从今天的五一路（原福照街）拓展到了东风西路。向北，由今天的五华山拓展到了圆通山。但是，东南面却有所收缩，连原来繁华的三市街、金碧路、东寺街、拓东路都被隔在城外了。

明代昆明砖城外，还修了一条护城河，作为昆明城的屏障。后来，护城河被填平了，成了今天的青年路上段、南屏街、东风西路等街道。本来护城河应该将整个城市团团围住。然而，昆明砖城的北城墙下（即圆通山、云南大学一段），却欠缺一段护城河。这是由于北城墙一带地势高亢而不便引水之故，未修护城河。

明代昆明砖城，其功能明显地在于把官与民，政府与商业区分开。把云南省的衙门、官府、兵营圈在龟城内，主要是出于军事上的考虑，便于防卫。当时的云南地方行政机关、司法机关、军事机关，全都驻扎在这座龟城里，如布政使司就在今天的威远街西端，黔国公府（时为"镇国公府"）在今胜利堂。此外，还把一些寺庙、风景区，特别是原来在城外的翠湖、圆通山、圆通寺也纳入城内。这显然是为了使达官贵人在消遣休闲、拜佛诵经时更安全。这么一来，官们公干也好，游玩也好，都无须出城，又十分方便。

明代古城墙，从 20 世纪 50 年代逐步被拆除。如今唯一剩下的一段，在圆通山的东边还完好地保留着，给昆明人留作纪念。这段古城墙，高约 10 米，大青砖砌成，顶有排列整齐的箭垛。由于年代久远，城墙顶上的一棵分成三杈的大树，把箭垛几乎全给淹没了。

洗马河和"柳营"，则是沐英留给昆明的又一个文化符号。

明初，镇守云南的沐英十分爱马。他在当时的菜海子（今翠湖）两边，依西汉名将周亚夫屯兵"细柳营"的故事，修建别墅和马场，称之为"柳营"，作为他养马、遛马、洗马的地方。据说，他所养的骏马近千匹。他常在湖边遛马，又命令士兵在由翠湖通往篆塘的小河中洗马。后来，这条小河便被叫成了"洗马河"。

"柳营"后来变成了云南陆军讲武堂。"洗马河"被填成了翠

明永历帝殉国处碑

湖南路和被建成农展馆（今科技馆），以及省图书馆的一部分。今天已仿照重现。

最后的"帝都"

人们常说，崇祯帝是明朝的末代皇帝。1644年三月十九日，当李自成农民起义军攻下北京城时，眼看大势已去，他在煤山（今景山公园）一棵弯腰树上吊脖子自杀身亡。这标志着统治中国近300年的明王朝最终灭亡。其实不然，后面还有个"南明"政权，还出现个"永历"皇帝呢！

北京明王朝灭亡后，朱元璋的后裔在南方坚持抗清，先后建立了几个政权。1644年五月，福王朱由崧在史可法等辅助下，在南京称帝；1645年六月，鲁王朱以海在郑芝龙等拥立下，在福州称帝；1646年九月，桂王朱由榔在广东肇庆称帝。他们都沿用"大明"国号，史称"南明"政权。

在这些政权中，由于先后得到大顺军、大西军等农民起义军的支持，桂王政权坚持的时间最长，抗清力量也最强。因桂王朱由榔称帝后，改元"永历"，故史称其为"永历帝"。然而，就是这个"永历帝"与云南结下了不解之缘，还曾一度在五华山建立了大明朝最后的"帝都"。

这是怎么回事呢？

1647年正月，清军攻下广东肇庆。桂王退走梧州、桂林、全州、南宁，进入贵州。1656年，张献忠余部大西军将领李定国等与南明政权联合，共同抗清，并

明永历帝殉国处碑

将桂王朱由榔等迎至昆明。

永历帝入昆后，先把皇宫设在贡院（今云南大学）。《滇南纪略》载："将贡院腾出作行宫，制仪仗，选校尉，安顿迎帝来省，诏告中外。"《滇云历年传》卷十载：永历帝入滇时，"过金马山，百姓夹道相迎。既入城，以贡院为行宫，群臣朝。"这是1656年三月间的事。

永历帝在贡院大约待了一年半的时间，永历十一年（1657年）八月，便将皇宫由贡院迁往五华山秦王府。

五华山原是农民起义军将领孙可望的秦王府。迎永历帝入滇的农民起义军将领李定国、刘文秀、孙可望、艾能奇在昆明均有王府，称为"四大王府"。孙可望为平东王，府第在五华山，称秦王府或东府。李定国为安西王，以原布政使司署作西府，后称晋王府，在今威远街。刘文秀为抚南王，住所称南府，后称蜀王府，在今省科技宫北边，驻贡院，称定北府，在今云南大学内。

孙可望由贵州到云南后，在昆明大建王宫。《续修昆明县志》载：为了将王宫修得豪华气派，他"毁昆明、呈贡城以筑之"。后来，孙可望叛明降清，还于1657年八月初出兵攻打云南。李定国出兵平叛，在曲靖打败孙可望。永历帝遂将孙可望的秦王府封号取消，并将秦王府改为皇宫，清光绪三十三年（1907年）在五华山修两级师范学堂时，永历皇帝的玉玺在建筑施工时，被发掘出来。

在云南历史上，这时的五华山被称为一时"帝都"。

所谓一时"帝都"，指的是时间太短，只是昙花一现。因为永历帝的"南明"是个短命王朝。永历帝于1657年八月君临五华山皇宫，只待了一年半左右的时间。1657年十一月，清军分三路西进，围攻四川、云南一带张献忠大西军余部。1658年十二月十五日，吴三桂率清军攻占昆明。永历帝被迫离昆西走，他不听李定国将部队转移至勐腊一带坚持抗清的劝告，而一意孤行，率军经滇西腾冲，逃往缅甸。吴三桂追往缅甸，逼缅王交出永历帝，将其带回昆明后，在篦子坡利昆巷内逼死。后来，人们把篦子坡叫成了"逼死坡"。今日在坡上一小广场上，还可见一块"永历帝殉国"的石碑。

"大西"农民起义军与"南明"政权联合抗清的一幕，至此落下帷幕。昆明五华山的一时"滇都"，也就成了明王朝最后的"故宫"。

清朝二台　东院西院

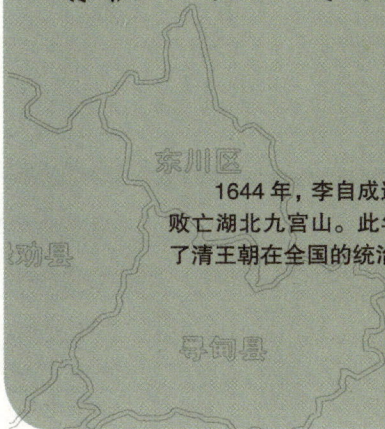

1644 年，李自成进京只待了 40 天，就被吴三桂引来的清兵打出北京城。最后，败亡湖北九宫山。此年，满洲贵族爱新觉罗·福临在京称帝，史称顺治帝，确立了清王朝在全国的统治。

总督巡抚　清朝二台

中国的省级地方官制，到了清代又有新变化，即由明代的无"省长"的"三司使"演变成了总督和巡抚。他们是省级最高长官。原来的"三司"，清时仍存，但变成了"总督署"或"巡署"的下属机构，分管行政、司法、军事等方面的具体工作。

其实，总督、巡抚在明代中后期已出现，但只是隶属于督查院的差遣官职，是中央派到地方去巡视的官员。到了清代时，总督、巡抚则成了正式的官员。总督管两省或三省的行政、军事、监察大权，又称"制军"或"制台"。巡抚管一省的行政、军事、监察大权，又称"抚军"或"抚台"。这两个省级机构，简称为"二台"。

清朝时，云南的"二台"设在哪里？基本情况又是如何呢？

云贵总督的名称、驻地、辖地等，从顺治十六年（1660 年）至 1911 年辛亥革命推翻清朝前，曾发生过较大变化。顺治十六

年，开始时设立"经略"，后来才改设云贵总督。康熙元年（1662
年），又分别设立云南总督和贵州总督，云南总督府设在曲靖。
后来，贵州总督兼管云南。康熙十二年（1673 年），云南总督府
由曲靖迁往云南府（昆明），改称云贵总督。雍正十年（1732 年）
云贵总督兼辖广西，也就是总管云、贵、桂三省。雍正十二年
（1734 年），云贵总督又恢复了只管云、贵两省。光绪三十一年
（1887 年）云贵总督兼任云南巡抚，所以 1911 年云南重九起义时，
已无单独的巡抚官员。

　　云贵总督府由曲靖迁往云南府（昆明）时，其驻地是将原来
明代的黔国公府改为云贵总督府，即今抗战胜利堂内。云贵总督从
1660 年至 1911 年，这 251 年间，一共经历了 77 任总督。

　　据一位生于清光绪四年（1878 年）的昆明老者回忆，清代的
云南总督和巡抚衙门，其建筑形式是这样的：

云南军都督府

　　若就督、抚两署言，自是重门叠构，有头门、二门、仪门，有大堂、二堂、三堂，更有寓居眷属之一重堂，而名之为"四堂"者。此外，有箭道，有花厅，且有司、道、府、厅、州、县、佐杂官厅，及协、镇、参、游、都、守官厅，复有居掾曹、胥吏、兵弁之地处，其内部诚然阔大，此则督、抚两署皆同。

　　督、抚两署之头、二门，俱是中、左、右三道。头门前砌有石级，级尽为平地，阶前列大石狮一对，是五色斑斓，望之骇人。平坝内有鼓棚二座，吹手寓于其间。门对面为一照壁，高丈余，宽五六丈，上绘一大麒麟，头则向着一轮红日，尾子下绘有五虎六豹，以喻督、抚统属着五个总兵、六个副将。平坝中间，竖有两根大桅杆，各高近三丈。桅上有木斗，斗上悬一长旗，督署则针"云贵总督部堂"六字，抚署针"云南巡抚部院"六字。平坝周围，筑有一些签子墙，以别内外，在东西两面各有一道大栅门，此亦分作三格，栅门上有横额，督署则标"辕门"两字，抚署是一书"绥怀六诏"四字，一书"威镇百蛮"四字，可认为是两句标语。

清代，因总督有统制军队之权，故也被称为"制军"或"制台"。因而，坊间都把这里叫作"制台衙门"。总督主要是治官之官，不是直接治民之官，故所用印章也不是方印，而是长方印。云贵总督衙门前的甬道两旁，建有整整齐齐的两排房屋。这些房屋，则是云南土司的儿子居住地。清政府把他们安置在此居住，都具有"人质"性质，以便管住云南边疆民族地区的那些土司们。

东院西院分列两街

所谓"东院""西院"，是清代云贵总督和云南巡抚两个衙门的别称。云贵总督府称"东院"，云南巡抚衙门叫"西院"。两个衙门前的街道，也被叫为"东院街"和"西院街"。其实这两条街并未连在一起，一个在东，一个在西，本是两条各不相干的街道。

为什么会把云贵总督府和云南巡抚衙门叫作"东院"和"西院"呢？因为两者所在的位置，虽然都处在城中心，但就其方位而言，总督府在东，巡抚衙门在西，故人们便以方位加以区别，就分别把他们叫作"东院"和"西院"了。

云贵总督府前有一横一竖两条街。竖街是专供原官员走的甬道，今亦叫"甬道街"。横街是今光华街，此街在清代分为东、西两段，街名有异。其东边的街道叫"东院街"，西边的街道并不叫"西院街"，而是叫"辕门口"。"辕门"，古代帝王巡狩，在其宿处，出

胜利堂外弧形建筑

入之处，以车为藩，仰起两车，以车辕相向处示门，称"辕门"，还有古时军营大门和官署的外门等多种含义。这里指的是"地方高级官署的外门"，也就是云贵总督署的大门。"辕门口"，即云贵总督大门口。但在昆明，只是其大门西边的这一段街才叫"辕门口"。

那么"西院街"在哪里呢？在云南巡抚衙门的旁边，即今五一路靠近云南社会主义学院的那一段街道。因为当时的云南巡抚衙门设在今云南社会主义学院街对面的地方，位于总督府的西边，所以人们把云南巡抚衙门叫"西院"。西院的大门开在今五一路上段，故把这段街道叫"西院街"。由此可知，昆明的东、西两院和"东院街"与"西院街"，相距甚远，并不在一条线上。

"西院"在云南解放后变成了昆八中。西院街与它上段的城隍庙街，下段的福照街、甘公祠街一道，都统称为"五一

路"。昆八中又于 2009 年 9 月，迁往龙泉路新校址。其如安街原址用来招商引资。岂料昆八中的前身正是云南巡抚衙门。刘亚朝先生在《昆明古城旧话》一书中，给我们留下了一份珍贵的历史遗产，记录了他曾亲眼看见过的云南巡抚衙门的大概情况：

直到 20 世纪 60 年代，巡抚衙门的主要建筑还大体完好，整个建筑的格局可以清晰看出。建筑群坐北朝南，整齐排列在一根中轴线上。最南面是高大的辕门，门前峙立着一对威武的红砂石雕成的石狮。当时辕门已被堵，成了昆八中（应为昆明市教育局）的印刷厂。由辕门往北，是一条约 60 米长的甬道，两旁都是森森古柏。甬道

老昆明

尽头是巡抚衙门的大堂，当时做了昆八中的大礼堂。大堂往北约20米，是一个有围墙的院落，即巡抚衙门的二堂，做了昆八中的科学馆。二堂再往北不远，是一幢二层双挑檐五开间浅歇山式大楼，古色古香，气势颇为雄伟，是巡抚衙门的最高建筑物。大楼第三层上的南北面都是雕花木格窗，东、西面正墙各有一个高大的月宫圆窗。从这里推窗向南眺望，可见滇池的粼粼波光和城内亭亭玉立的东、西寺塔；往北眺望，则正和翠湖彼岸的云南大学会泽院南北遥遥相对。在现代的高楼兴建以前，这幢古楼是昆明城中最高大的建筑物之一。巡抚衙门的西北角，是一个不小的后花园。据民国初年到这里游览过的人记述："园址颇宽，树木甚茂，多浓荫……杂时蕉叶，芰荆铺径，间以草花丛竹，幽雅可喜。后有土阜，覆一小亭，……可以远眺。西山滇池，均能入览。"这里提及的土阜和小亭，至60年代初仍在，亭上有一匾，题"惜阴"二字，亭中也确实经常有珍惜光阴的学生捧书诵读。后来因修建游泳池，亭被拆除，山被铲平，这一古迹遂不复存在。

从80年代起，昆八中全面更新改造，旧建筑陆续被拆除。那幢三层古楼因年久失修早成危楼，首先被拆除

昆明市地图（至1949年，昆明市面积17.6平方公里）

了。现在人们只知道这里是昆八中，无人再提及当年威风凛凛的巡抚衙门了。

其他衙门　星罗棋布

在今五华区内，有清一代，除了总督衙门和巡抚衙门外，还星罗棋布着若干衙门。现择要略加介绍。

云南府衙门　位于今文林街云南师大附小校内。云南府是云南巡抚下辖的一个行政机关，相当于今天的昆明市。清代云南府，治所在昆明，下辖的11个州县是昆明县、富民县、宜良县、罗次县、晋宁州、呈贡县、安宁州、禄丰县、昆阳州、易门县、嵩明州。原来的云南府衙门是什么样子？据罗养儒先生记载：

云南府衙门亦较为阔大，表面上，头门与二门虽只一道，却崇宏异常。大门外亦有石狮，有照壁，照壁尤高大，而且照壁后，复有一甬道，宽长而又整齐。甬道上建有一大座单坊，分三空，横额上标着"滇南首郡"四字。论昆明城里的一切官署，筑有甬道者只制台衙门与云南府衙门，

昆明甬道街

而抚署转无。

清代云南总督衙门和云南府衙门，今已面目全非，但它们都给昆明城留下了珍贵的历史文化符号，那就是当今胜利堂前的"甬道街"，以及云南师大附小前的"府甬道"。

昆明县署 位于今圆通街昆明市第一职业中专（原昆七中）内。"昆明县署亦阔大，头门外亦有照壁，但不甚大样。门前则呈列着一些刑具，如枷啊、站笼啊，是用以警奸宄者。"据传，昆明最早的茶馆于清朝乾隆年间，首先出现在昆明县衙门隔壁。这个茶馆没有字号，是一个主供打官司的人"泡"茶待传唤的场所。一听到差役高叫传某某某……当事人便迅速丢下茶碗，直奔衙门。

藩台衙门 位于威远街与正义路交口处，今为中国人民银行云南省分行的办公大楼。古为大理国"东都"、元朝行中书省、明朝的布政使司所在地。到了清代，布政使司这一机构

仍保留，但其级别则下降为巡抚的下属单位。它的别称叫"藩台"，故人们也叫它"藩台衙门"。由于级别下降，藩台衙门虽也有头门、二门、仪门，以及大堂、二堂、三堂，亦有官厅、花厅等，但只能说具有一定规模，就不那么壮观了。头门外也有一对石狮子、一堵照壁、两道栅门。栅门两边的横额上，一边写着"惟

屏惟翰"四字；一边写着"乃旬乃室"四字。在清代的藩、臬两司和粮、盐两道的照壁上，是互有差异的。两司的照壁较两道要大些，尤其是藩司的照壁高大处，几乎与巡抚署一样。这可能是因明代的藩台衙门是全省最高民政机关的缘故吧。

在老昆明人中，随着时代的演变，古代的这衙门、那衙门，都在人们心中永远逝去，唯独"藩台衙门"在当今六七十岁的老人心中，仍牢固地"记载"着。你一说"藩台衙门"，这些老人就知道那就是威远街西口。为什么？因为这里后来成了"菜街子"，这些老昆明人从小到大到老，都会去那里买菜。"藩台衙门"就这样平民化了，与老百姓的日常生活紧密联系在一起，所以这个"衙门"也就在民间保存了下来。不过，现在"藩台衙门菜街子"也不复存在，这个专有名词在新一代的昆明人中恐怕也将不知是何物了？

臬台衙门：位于今庆云街西端，明清时的按察使司所在地。按察使主管一省的刑狱，是省级最高司法长官。"臬台"是对按察使的单称。明清时的按察使司，相当于现代的公、检、法机关。民国初年，变成了昆明地方审判厅和昆明地方检察厅。后来，又成了昆明地方法院。新中国成立后，改为昆明市中级人民法院。1988年昆明城市大改造中，昆明市中级人民法院迁往滇池路新址，这里拆除后建成了写字楼。

❶❸昆明聂耳故居

❷聂耳故居：昆明甬道街成春堂

民国省府　拥翠鹰绕

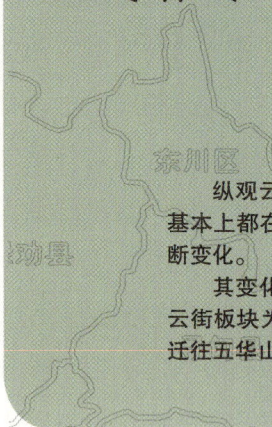

纵观云南历史，可以说从元代以来，云南省的政治中心，省级机关驻地，基本上都在今五华区内。但随着时间推移，省级最高权力机构的驻地，也在不断变化。

其变化大体上是：元明两代，省级权力机构所在地，以今日的威远街、庆云街板块为主。自清一代，移至今光华街、五一路一带。到了民国时期，省府迁往五华山，并直至今日未变。

民国时期，从"重九"起义胜利至卢汉和平起义，云南省的主政者先后为蔡锷、唐继尧、龙云、卢汉四人。此外，顾品珍也曾一度以滇军总司令和代省长之名坐镇过五华山，治理云南。1921年2月至1922年2月，刘祖武也曾任过云南省代省长。不过，当时的云南省省长，开始叫"都督"，后来才叫"省主席"。

迁府五华　拥翠鹰绕

五华山从地形上讲，海拔1926米，是昆明的制高点。这个制高点是由三座大山托起的。北有螺峰山，东有祖遍山，西有磨盘山（原武成路，今人民中路西段）一起向终点拥来，把终点托起，成了高高的五华山。五华山西边的山下，即螺峰山与磨盘山之间，还有一湾美丽的碧水，古代人们叫它"菜海子"，如今的雅称曰"翠湖"。这些山水，构成了昆明"城在湖山中，湖山在城中"的

特殊地貌。

古代五华山，可是昆明"十大景观"之一，有"五华鹰绕"的美名。

这里有大小五个山峰，高耸入云。宋代以前的五华山，渺无人烟，林木参天，郁郁葱葱，藤绕蔓缠，遍山拥翠。五个山峰之间，溪水潺潺，顺流而下，时成池塘，时成瀑布，气象万千。东水注入大小绿水河；西水倾入菜海子。宋代以后，略有人家，相杂其间，绿瓦红墙，掩映林中，朝曦夕阳，炊烟袅袅，美景如画，处处鸟语花香。当万里晴空之时，无论从东南西北方中的任何一个方向仰视五华山，都会看见高插入云的半山腰上，几只苍鹰在天空中，时而搏击长空，时而展翅翱翔，构成"五华鹰绕"的美景。

此山取名"五华"，那是元末明初的事。明朝《景泰云南图经志》载：元至元十四年（1277 年），云南平章政事赛典赤于中庆城北隅高阜之上，创建五华大殿，匾曰"悯忠寺"。赛氏是在南诏时高智升宅的基础上建"悯忠寺"的。因寺中有祭祀阵亡将士的灵牌，故称"悯忠寺"。此时，山也因寺而得名，叫"悯忠山"。元末，四川红巾军攻昆明，悯忠寺毁于战火。

龙云

元末明初，重修"悯忠寺"，改名为"五华寺"，山亦改称"五华山"。

五华山元代在城外，明初纳入城内。明代的五华山，已经成了城内重要名胜，供人们休闲、祭佛。山上除了五华寺大殿外，还有亭台楼阁十多处，如"拜云亭""聚远堂""真意亭"等等。

清代平定以吴三桂为首的"三藩"叛乱后，将其孙吴世璠在五华山的"皇宫"，变成了地方官"朔望司仪"之所。每逢清帝万寿之日或元旦，昆明的文武官员，都要到这里齐集朝贺，对皇上三呼万岁。此外，还将五华山变成了书院。雍正十一年（1733年）在五华山南麓成立了"五华书院"。1903年，清政府试行"新政"时，改为"高等学堂"。光绪三十三年（1907年），云贵总督锡良在山上建立了"两级师范学堂"。

1911年，"重九"起义胜利后，于11月1日建立了以蔡锷为都督的云南军都督府，当时称之为"大中华国云南军都督府"。云南军都督府最初设在原云南巡抚衙门内，即原如安街昆八中内，后来，都督改称为省长，军都督府亦改称为"省长公署"，人们称之为"省政府"或"省府"。

1913年，袁世凯窃取了辛亥革命胜利果实，逼孙中山下台，当上了中华民国临时大总统，为了拉拢，更是为了防范，采用明升暗降的办法，将蔡锷"调"往北京任全国经界局督办。蔡锷离开云南后，由唐继尧继任云南都督，后改称省长，将省府迁往五华山。

光复楼　胜利堂

光复楼、胜利堂是民国时期云南省的两个主要省级机关所在地。光复楼是云南省政府在五华山的办公大楼，胜利堂是云南省参议会所在地。

老光复楼

清末，本是王府、皇宫的五华山，在"新政"改革中，一度变成了学堂。清光绪二十三年（1898 年），清政府在五华山兴建两级师范学堂，原来的王府、皇宫已破旧不堪，便推倒重建。"两级师范学堂"大楼建成后，取名为"五华楼"。

1911 年云南"重九"起义成功后，决定将五华山上的两级师范学堂迁到原云贵总督府，五华山遂成为新的民国省政府所在地。同时，改建"五华楼"，并将其改名为"光复楼"，以纪念"重九"光复之役。

这时的"光复楼"，呈"品"字形，为土木结构，主楼为三层，两侧的附楼为两层。主楼顶部高悬"光复楼"绿底金字匾。据传，"光复楼"这三个苍劲有力、古朴逸美的大字，为周钟岳先生所书。"光复楼"前短栏整列，花坛环绕。主楼大门两侧有一对联，上联"六诏锁烽烟，万爨道苗疆，六服河山双眼底"；下联"五华开画景，看雕甍绣户，五云楼阁半天中"。当时的"光复楼"内，还有关羽、岳飞的神位。庄严肃穆的"光复楼"

改建好后，唐继尧将云南省政府由如安街原巡抚衙门迁至五华山"光复楼"办公。此时的五华山，又由学校华丽转身为省政府。

抗战胜利堂又是怎样建起来的呢？

明代"黔国公"沐英及其后人的"国公府"，到了清代，变成了云贵总督衙门。清朝被推翻，建立民国后，这总督衙门变成了学校。开始叫两级师范学校，后来改为云南省立第一师范学校。第一师范学校迁往潘家湾新址（原胜因寺内），这里又变成了云瑞中学和云瑞公园。

抗战时期，云南省临时参议会第二届第二十一次会议提出："以龙公治镇十余年，励精图治，除尽力协助抗战外，如兴办农田水利、提倡生产事业、普及教育、维护治安等，政绩卓著，功在全滇……"建议昆明市政府在风景优美的云瑞公园内建一纪念堂，目的在于"以申敬仰，而资纪念"。同时，也可供省府召开大会时使用。于是，便将相关学校校址做了调整。昆一中整体迁往潘家湾新校园。昆一中在文林街的原校址，以天君殿巷为界，以西的北院、南院，给西南联大及其附校；以东靠近云大贡院坡的"东院"，给云瑞中学。云瑞中学的校原址（旧云贵总督府），则拆除建成纪念堂。

纪念堂开始定名为"志公堂"（龙云，字志舟，号志公），龙云以为不可，改称为"中山纪念堂"。卢汉接替龙云为省主席后，又改名为"抗战胜利堂"，"以资纪念吾滇抗战军民"。新中国成立后，1950年12月召开的云南第一次各族各界人民代表大会议定：将"抗战胜利堂"改名为"人民胜利堂"。2008年，经国务院批准，恢复原名，再次更名为"抗战胜利堂"。由

昆明胜利堂

此可知，此纪念堂的名称随着时代的变化而不断在变。但老百姓一直叫它"胜利堂"。2006年，被国务院公布为"全国重点文物保护单位"。

胜利堂于1944年破土动工，1946年落成。整个工程耗资为当时的国币12.7亿元。建堂资金由当时的两大财团陆（崇仁）系与缪（云台）系分担。经办人，陆系为刘幼堂，缪系为杨克成。胜利堂的设计，

抗战胜利堂夜景

曾邀请了当时昆明市的著名建筑工程师王明之、张昌华、周永康、邵惠生、李华、张轩明、曹杰、梁衍等共同商讨，提出了"一时代之建筑代表了一时代之精神"的设计原则，由清华大学毕业的著名设计师李华设计而成。整个工程，由上海建筑商陈春华经营的"陆根记营造厂"承建。建成后，云南省政府将胜利堂拨给省参议会做永久会址。

胜利堂位于昆明老城中心，坐北朝南，背靠人民中路，面朝光华街，两侧为云瑞东路和云瑞西路，占地面积18747米（28.12亩）。整体分为两大部分，南边靠正大门的1000平方米为云南人民英雄纪念碑，北边则是抗战胜利堂。

胜利堂的设计十分耐人寻味，如果你登上其附近的高楼往下俯视，就会发现胜利堂的主题是"双杯庆胜利"。由云瑞东路、云瑞西路和光华街构成了一只中式酒杯，东、西两条云瑞路是"杯

壁"，光华街是"杯底"。再往南看，把这个酒杯与云瑞公园两侧的呈流畅弧线的道路和与之垂直的甬道街，再加上景星街，形成了一支西式高脚酒杯。甬道街是"杯柱"，景星街、云瑞公园分别是南、北两边的"杯底"和"杯座"。这种中式平底酒杯与西式高脚酒杯互助叠加在一起的设计，就构成了"双杯庆胜利"的主题。它的寓意是：中国抗战的胜利，是中国和盟国共同反击日本法西斯的结果。

胜利堂的设计，可玩味之处还有正大门两侧的弧形建筑。有专家说，它是20世纪40年代的建筑美学新潮，是建筑学家以"建筑天才"精神为指导，把这个弧形建筑打造成了"20世纪初期类型及建筑学上的一个典例"。这些评价都对，但它的寓意是什么？没有人给出答案。

笔者20世纪50年代到昆明，初次接触胜利堂时，对这弧形建筑的"第一印象"，就觉得它似两列呼啸着奔驰而来的火车。当时，对胜利堂的设计主题一无所知，但这"第一印象"的烙印，却深深地"烙"在心上。当了解了李华先生设计主题的寓意后，我觉得李先生的"弧形建筑"不光是从"美学"的角度考虑，应该还有更深层次的寓意。那就是：当我们高举盛满美酒的酒杯，欢庆胜利之时，不要忘记了任重道远，今后还要乘着时代的列车，向前，向前！永不停息地向前！

人民政权　行政中枢

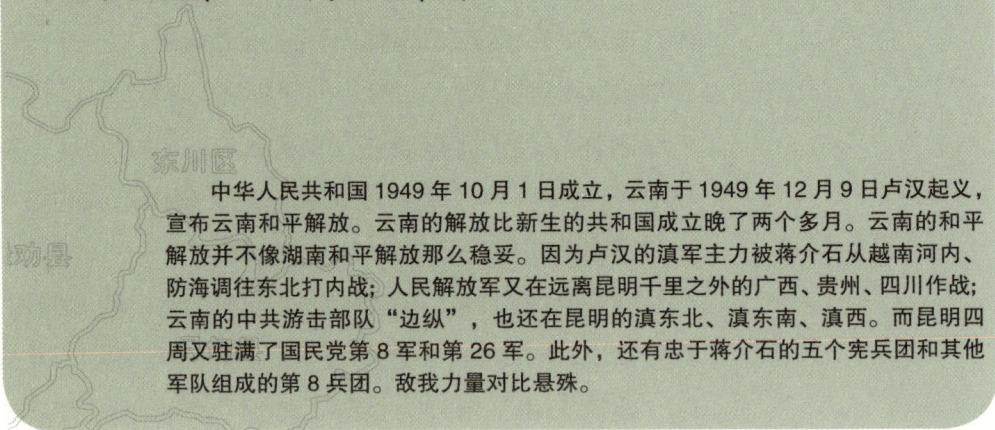

中华人民共和国 1949 年 10 月 1 日成立，云南于 1949 年 12 月 9 日卢汉起义，宣布云南和平解放。云南的解放比新生的共和国成立晚了两个多月。云南的和平解放并不像湖南和平解放那么稳妥。因为卢汉的滇军主力被蒋介石从越南河内、防海调往东北打内战；人民解放军又在远离昆明千里之外的广西、贵州、四川作战；云南的中共游击部队"边纵"，也还在昆明的滇东北、滇东南、滇西。而昆明四周又驻满了国民党第 8 军和第 26 军。此外，还有忠于蒋介石的五个宪兵团和其他军队组成的第 8 兵团。敌我力量对比悬殊。

昆明保卫战　新政权诞生

卢汉起义，云南和平解放，使蒋介石气急败坏。因为这是他设计的最后一块"反共基地"，如今落空了，岂不令他恼羞成怒？于是，蒋介石命令驻扎在昆明东郊和呈贡县的国民党军队，进攻昆明，夺回云南这块"反共基地"。

国民党陆军副司令汤尧，加上假投诚而被放回的李弥、余程万两军长，指挥其部第 8 军、第 26 军和新组建的第 8 兵团等其他部队，约 4 万余人，于 1949 年 12 月 16 日，从东、南、北三方向昆明大举进攻，汤尧扬言：攻下昆明，奖大洋 10 万元，并允许士兵"自由行动"三天，妄图洗劫昆明，昆明危在旦夕。

这时的昆明形势十分紧急，昆明城内的起义部队加上中共地下党组织发动组织起来的武装力量——自卫队，总共只有 2 万人。防线长达 60 多公里，防广兵单，敌我力量实在悬殊。中国人民解放军、"边纵"都远在他乡，鞭长莫及。怎么办？

1950 年 2 月 20 日，中国人民解放军第 2 野战军第 4 兵团进驻昆明

昆明军民奋起反击，昆明保卫战开始了。

中共地下党昆明市委作出"紧急动员全市人民，协同起义部队保卫昆明，组织人民武装，支援昆明保卫战"的决定。昆明人民响应党的号召，采取各种方式投入保卫战。战斗在北教场、黄土坡、塘子巷、南坝、豆腐营、南窑、螺蛳湾、东站、交三桥、席子营一带打得十分激烈。12 月 22 日下午 2 时左右，数架国民党飞机还轰炸了五华山光复楼，死伤很多人。从 12 月 16 日至 21 日，经过 6 个昼夜的艰苦战斗，城内的军民挡住了敌人的攻击。这时，解放军和"边纵"，都在迅速挺进，到达昆明附近。敌人眼看大势已去，被迫弃城逃窜，昆明保卫战取得了胜利，昆明终于转危为安。

1949 年 12 月 28 日，中国人民解放军滇桂黔边区纵队西进部队，在纵队副司令朱家璧率领下进驻昆明。

❶ 1950 年 2 月 20 日，陈赓、宋任穷率领中国人民解放军第 2 野战军第 4 兵团进驻昆明

❷ 1949 年 12 月，由云南大学师生组成的义勇自卫队，支援昆明保卫战

❶ 庚园

❷ 1950 年 2 月 24 日，在庚园召开云南省地师以上干部会议

　　1950 年 2 月 20 日，陈赓、宋任穷率领中国人民解放军第 2 野战军第 4 兵团进驻昆明。三十万市民夹道欢迎，欢迎队伍长达十余公里。卢汉主席和各县代表至市郊三公里迎接。2 月 22 日，昆明十余万人在拓东运动场举行盛大集会，欢迎中国人民解放军。

　　1950 年 2 月 24 日，被定为"云南解放日"。这一天，在昆明"庚园"（今大观楼南园），召开云南省地师以上干部会议。陈赓将军在会上庄严宣布："解放军和云南人民、云南的党会师了，云南从今天起已完全获得解放了！"同时，宣布中共云南省委正式成立，中共中央批准宋任穷任云南省委第一书记，陈赓任第二书记。

1950年3月10日，经中央人民政府政务院第23次会议通过，提请中央人民政府同意，正式成立云南省人民政府，任命陈赓为省政府主席，周保中、张冲、杨文清为副主席。省政府仍设在五华山上。从1950年至今，位于五华区内的五华山，一直是云南人民政权、行政中枢所在地。

中枢五华山　机构遍全城

解放后，云南省人民政府所在地仍在昆明五华山，"光复楼"仍是省人民政府的主要办公楼。不同的是，"光复楼"将永远高悬着庄严的中华人民共和国国徽。

作为云南省当今行政中枢的五华山"光复楼"，已经不是原楼，而是按原样重修的光复楼。因为原光复楼在1947年11月24日，已毁于一场大火。工人为地板打蜡时，不慎引发大火，烧坏了光复楼大部。1948年2月重建光复楼，1949年5月落成。新建的光复楼，仍是传统的"品"字形。但改成了砖混结构，主楼和左右两边的侧楼，均各增加了一层，主楼为四层，侧楼为三层。1989年11月，又重修光复楼。当今的光复楼，已成一幢现代化的政府办公要地。其楼庄严雄伟，周围广植花木，建花廊，筑花坛，置石桌石椅，环境优美，风光秀丽。

随着时代的发展，事业的需要，当今的云南省人民政府所辖机关部门，设置如下：

设办公厅1个。组成部门25个：省经济委员会、省教育厅、省科技厅、省民委、省公安厅、省安全厅、省监察厅、省司法厅、省财政厅、省人事厅、省劳动和社会保障厅、省国土资源、省建设厅、省交通厅、省农业厅、省林业厅、省水利厅、省商务厅、省文化厅、省卫生厅、省人计委、省审计厅、省外事办。

直属特色机构1个：省国有资产监管委。直属机构16个：省地税局、省环保局、省广电局、省体育局、省统计局、省工商行政管理局、省新闻出版局、省质量技术监督局、省食品药品监管局、省旅游局、省安全生产监管局、省宗教局、省侨办、省国防科技工业办公室、省煤炭行业管理办公室、省金融工作办公室。

部门管理机构4个：省信息产业办公室、省法制办公室、省粮食局、省监狱局。

议事协调结构常设办事机构3个：省扶贫开发领导小组办公室、省人防办公室、省机构编制委办公室。

这50个省级机关部门中，除省长办公室、省委办公厅等少数机关驻五

五华山新"光复楼"

第二章

滇云首府

WUHUA

昆明武成路

华山外，省级机关已遍布昆明全城。比如，省林业厅就由青年路迁至"遥远"的昆明野生动物园旁。

元朝中央政府为了稳定在云南的统治，把昆明定为省会，将云南省的政治、经济、文化中心由大理迁移至昆明。如果从1276年算起，至2018年止，昆明作为省会，已有742年的历史。在这漫长的岁月里，经历了元、明、清、民国、中华人民共和国。在这期间，云南省的最高领导机关，即省府从大范围讲都一直在昆明，从具体所在地讲，就一直在今昆明市的五华区。元代时，省政府机构大多数都在威远街与庆云街板块上。明、清时，逐步转移到胜利堂、如安街一带。从民国至今，省府就一直在五华山上。

为什么740多年来，云南省府一直在今五华区内，原因很简单，如前所述，这里的风水好，区位重要。这里"三山拥一湖""一江依三山""山巅龙抬头"。前一个"三山"，是磨盘山、五华山和螺峰山；一湖，指翠湖；一江，是盘龙江。后一个"三山"，指盘龙江畔的祖遍山、五华山和圆通山。山巅龙抬头，指的是全昆明的至高点五华山之巅，护卫昆明，一马平川，欣赏滇池，大好风光。如此这般的一块风水宝地，自然会引得紫气东来。紫气在这里化为人气、文气、财气，即国泰民安，百业昌盛，经济发达，前途辉煌。

第三章
腾蛟起凤

　　"五华"自古地处昆明的核心区。如果说云南教育的中心在昆明，那么，昆明的教育中心就在五华区内。环睹五华区内，教育机构众多。古代，文庙贡院，交相辉映；近代，书院学堂，前后勃兴；今天，大中小学，林林总总。可谓腾蛟起凤，人才辈出！

文庙弦歌不辍　贡院人才辈出

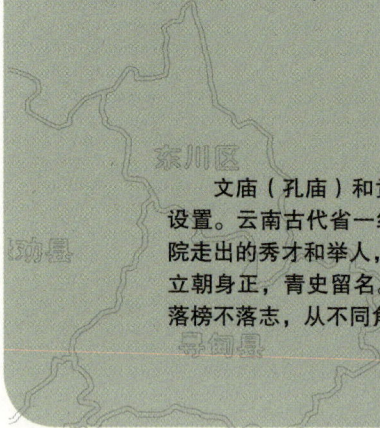

　　文庙（孔庙）和贡院，是中国古代最为重要的两大文教场所，全国各地皆有设置。云南古代省一级的文庙和贡院都坐落在今天的五华区内。从云南文庙和贡院走出的秀才和举人，有的继续考中进士，如萧崇业、钱南园等，他们释褐为官，立朝身正，青史留名。绝大多数落榜的举人，如程含章、赵藩、周钟岳等，他们落榜不落志，从不同角度努力进取，同样成为彪炳史册的历史人物。

"元跨革囊"　首建文庙

　　文庙或称孔庙——本是祭祀孔子的建筑。公元前478年，孔子逝世的第二年，首先在山东曲阜孔子的故居建立。此后，虽然历代王朝更替，但文庙始终是中国传统文化的第一标志！全国州县以上城镇基本都有。科举时代，文庙又是各级"官学生"读书学习之地，故又称"庙学"。

　　"元跨革囊"云南行省建立。此后，云南与中原的政治体制进一步统一起来，再未出现过分裂割据的局面。文化教育也逐渐与中原合辙同步，有力地促进了云南各民族文教的发展和社会进步。

　　云南庙学的设立要早于开科取士。元世祖至元十一年（1274年），赛典赤首任云南行省平章政事。为尽快改变云南落后的文教，赛典赤"乃捐俸金，市地于城中之北偏，以基庙学"，两年落成，这是云南有确切记载的第一座孔庙和官学。其地最初在翠湖东

南岸今登华街下段。明朝万历十年（1582 年），迁建在"长春观"，即今文林街天君殿巷附近。清康熙二十九年（1690 年）才重建在今天的人民中路。文庙属于全国统一的文教标志，所以，今天昆明的文庙也大体就是元明清全国各地文庙的基本格局——由供奉孔子的"大成殿"、尊天敬哲的"灵星门"、左右礼、义二门、读书学习的斋舍、泮池，乃至高大挺拔的柏树和盘旋群聚的鹭鸶构成。昆明文庙每年都要由云南地方大员领头举行隆重的祭孔典礼。同时，科举时代，它又是明清时期云南府和昆明县的两级官学。

进入庙学并不容易，必须通过科举考试的第一级资格考试——"童试"。科举制度只讲性别，不论年龄，凡未经"童试"考中的读书人，统称"童生"或"儒童"，类似今天的学龄前儿童。通过"童试"合格的人，才可称为"生员""诸生"等，俗称"秀才"。他们再按成绩和籍贯分配到各府、州、县的官学里读书。成绩最好的还可以进入京城国家最高学府"国子监"深造。国家不但免去他们的赋役，而且还给予不菲的生

文庙泮池

❶ 文庙大成殿

❷ 文庙灵星门

活补贴。秀才的录取人数有定额，一般是府学 40 人，州学 30 人，县学 20 人。

在庙学读书的秀才也不轻松，首先要参加每年的"岁考"，相当于今天学校的平时考试，但有严格的淘汰制度。其次是"科考"，相当于今天的毕业考。一般在乡试之前的七月举行。旨在检验在读秀才通过学习后是否合格？目前是否具备参加乡试的水平？所以，"科考"的录取人数与直省乡试的名额有关。一般大省按"正榜"举人 1：80 淘汰。通过"科考"的秀才就可以进入贡院，参加每三年一科全省选拔举人的乡试了。

进入民国，和全国一样，昆明文庙废除祭孔仪式，也不再是秀才读书的地方了。先后改为图书、博物馆、省立昆华民众教育馆，成为昆明人读书看报、喝茶、看戏、听书的休闲文化娱乐场所。1938 年，我军击落日本轰炸机一架，俘获其投弹手池岛，曾把飞机残骸置于文庙公开展览，鼓舞士气！后来日机对昆明狂轰滥炸，文庙大成殿中弹被毁。1946 年又重新修复。新中国成立后，又先后在文庙设立省文化馆、昆明大众游艺园、市文化馆、市群众艺术馆等。

科举时代的"考场重地"

科举时代的另一个文教重地则是举行全省从秀才中选拔举人的地方——贡院。它兼有"乡试"考场和取录的双重功能。

乡试是明清科举考试的第二级资格考试，乡试考试合格者国家认定为"举人"资格。举人已进入缙绅阶

层。他们除了继续进京再考"进士"之外，也可通过吏部"拣选""大挑"等正常途径，选为中央和地方的低级官吏。和童试一样，乡试也分文、武两科取士。这里说的是文科乡试。明朝最初的秀才必须到"应天府"，也就是南京参加"乡试"。直到永乐九年（1411年）云南才开始独立举行乡试。由于贵州设制更晚，贵州考生曾长期"搭附"云南一并乡试。嘉靖十四年（1535年）之后，才分出在贵州独立举行乡试。

明清两朝乡试的基本程序差别不大。考试时间例为三年一科，一般在八月举行，故曰"秋闱"。如遇国家庆典、皇帝登极、皇帝和太后生日等"喜事"，也会在此年临时增开一科，谓之"恩科"。考试和取录地点，在各省贡院举行。

云南乡试的贡院就在今天云南大学内。贡院的中心办公处是至公堂，它是考官们集中议事和最后放榜的地方。考试期间，以至公堂为界，划为前后两区，前区称"外帘"，有数以千计的号间，又称"文场"或"考棚"，是考试之地。外帘各官可由当地官员组成，他们负责监考、收卷、誊录、校对及生活、治安等工作。后区称"内帘"，有衡鉴堂、各房考官居室等，是阅卷重地。每届考试两帘考官 40~80 人不等。工作总时段大约在一个月左右。

乡试考官由主考、副主考 2 人，同考官 5 ~ 8 人组成。正、副主考临时由皇帝从外省点派而来。考官负责在贡院内出题、印卷、评卷和最后的录取定案。明清时期，特别是清朝对云南的科举考试非常重视。先后派往云南状元出身的乡试主考和学政就有彭启丰、钱棨、汪如洋、曹鸿勋、张建勋、吴鲁等 9 人，远远多于其他省份！其中钱棨，江苏长洲人，他是清朝仅有的两个"三元"之一，嘉庆三年（1798年）他以云南乡试正考官留任云南学政。次年因督课劳累不幸在昆明病逝。

乡试规定连考三场，考生三进三出，食宿其间。开考那天凌晨，考生要带上简单的卧具、食物，从贡院大门（俗称龙门，今云大正门附近）列队进场，经过两次严格"搜身"，然后对号进入自己的号间。当天就在三尺见方的号间里考试、吃住。第二天下午"放排"交卷，清场出闱。依次又按时进入第二、三场考试。乡试是整个科举考试最难的一关！每科考生成千上万，中式率最高不过是 2%。据有关资料统计，明清两朝 500 多年，在云南举行文科考试共 176 科（届），总共录取举人 8413 人。

值得骄傲的是，从云南文庙和贡院走出的秀才和举人，有的继续考中进士。他们释褐为官，立朝身正，青史留名。如明朝的王锡衮位高宰执，主持国家大政方针的制定；许贺来、董玘、王思训等，任职禁中，参与国家高层机务；萧崇业、杨抡以国家大使出使琉球，册封其王。又如，清朝的朱

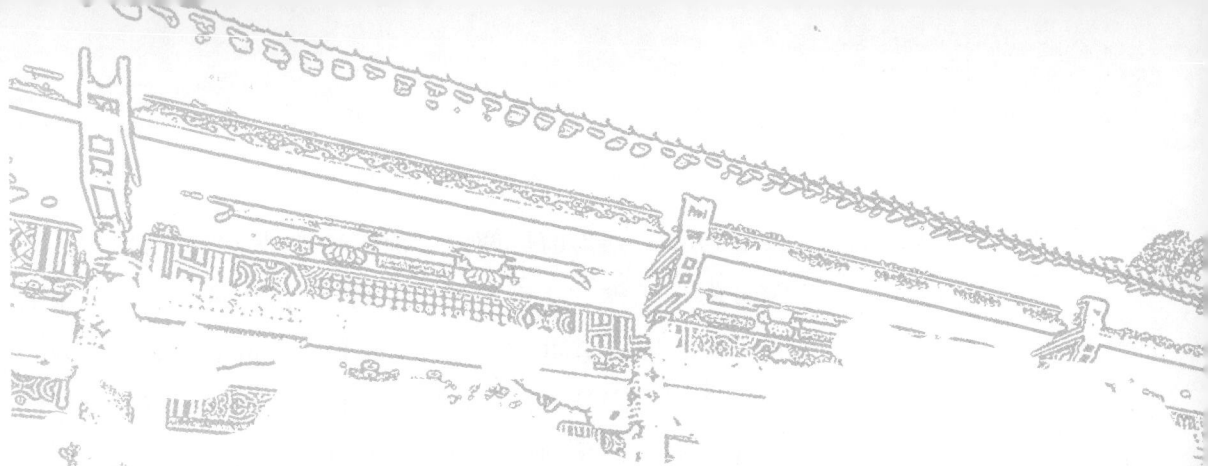

嶂、赵光等，位列六部尚书，分掌政府各部大权；严烺、何桂清、李因培、陆应谷等，外放封疆大吏，政声卓著；钱南园、尹壮图、傅为詝、周于礼等，执掌言谏，正直敢言，不畏权贵。池春生、陈荣昌等，提督一省学政，育人抡才，领振地方文教事业……

　　绝大多数落榜的举人中也不乏彪炳史册的人物。如清代李发甲和程含章都是先从举人挑为低级官吏，再以杰出的政绩和官德升为地方大员。李发甲官至山东按察使、福建布政使、湖南巡抚等。在湖南任内，他"值荒歉，借库金散赈，出仓谷以平市价。剔蠹除奸，民不失所"。卒于任内。皇帝赐以"名宦"祭祀。程含章官至山东按察使、河南布政使、江西和浙江巡抚。云南自元代以来，唯有程含章"道德、学术、政绩、文章无一不优！"如明朝举人张含，他致力于诗歌创作，留下了大量脍炙人口的诗篇。清朝举人陈履和，一生为老师崔述校勘、刻印《考信录》，将自己辛勤的劳作和智慧，无私地溶入了《考信录》，为之耗费了毕生的精力和财力。该书从辩伪入手，摧毁了道学家不少杜撰的神话，成为二十世纪二三十年代以胡适、顾颉刚为首的"疑古学派"的战旗，对中外学术界影响很大。再如，大家熟悉的云南名流如袁文典、文揆兄弟和赵藩、许印芳、周钟岳等都是从贡院走出来的举人。

三大书院　华丽转身

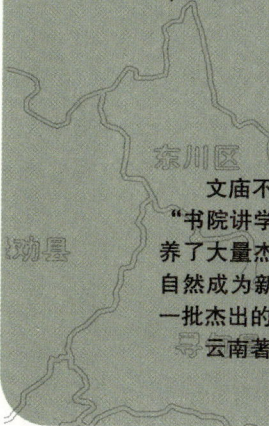

　　文庙不可能容纳更多的学生，其教学制度也比较古板，于是从唐宋开始兴起"书院讲学"。书院作为官学的补充与拓展，它以相对宽松、灵活的教育方式培养了大量杰出的人才。初兴于明代，勃兴于新旧社会转型期间的云南书院，也就自然成为新旧教育体制更替的交会之所，成为近代新式教育的策源地。培育出第一批杰出的新型人才，为社会的进步做出了巨大的贡献。

　　云南著名书院首推"五华""育才"和"经正"三大书院，旧址都在今天五华区内。

五华书院率先转型

　　五华书院始建于明朝嘉靖年间，久废。到清朝雍正九年（1731年），云贵总督鄂尔泰奏准重建书院于"五华山麓"，他亲书"五华书院"匾，悬于大门。该书院虽建在昆明，但通过考选入院的却是"三迤十四府秀良之士"，即全省优秀学生。五华书院的经费主要由政府提供，按制设山长一人、监院一人、学长二人。山长相当于今天学校校长，在全国范围选聘德才兼备、学问渊博之人担任。据载，前后受聘任五华书院山长的有浦起龙、谷际岐、尹壮图、苏霖渤、刘大绅等著名人物。如，浦起龙是江苏无锡人，以研究、注释《史通》而知名；苏霖勃是云南大理人，他任职期间，培养了钱南园等杰出人才。刘大绅是云南晋宁人，著名文学家、诗人，嘉庆十七年（1812年）任山长。其间，培养了戴炯孙、戴淳、池春生、杨国翰、李于阳五位杰出人才，史称"五华五子"。

　　五华书院首先完成从旧式书院向新式大学的转变。光绪二十九年（1903年），清廷颁布《钦定学堂章程》，云南改"五华书院"为"高等学堂"，率先将"高等"二字引入云南学界。故当时学堂大门有对联一副，陈荣昌撰书，他将"高等学堂"四字嵌入其中：

> 高挹群言加人一等，
> 学于古训贡之明堂。

高等学堂设理财、兵学、交涉三科（专业）。课程设置除经史子集等中国学术外，也开设理化、博物、理财、军事体育以及英、法、日文，委聘中外学者执教。主要目的是为了培养"新政"官吏。因为当时尚无新式中学毕业生可招，只好由地方政府推荐优秀举人、贡生等旧式科名人员入学。高等学堂历时三年，选送了一百多名留学生。光绪三十三年（1907年）为尽快培养新式中小学教师，高等学堂改为两级师范学堂。设"优级选科"，相当于大专，三年毕业，可教中学；设"初级简易科"，相当于中专，一至二年毕业，可教小学。宣统二年（1910年），两级师范学堂正式改为云南省会师范学校，彻底摆脱了旧式学堂的格局，为云南培养出第一批新型教师。

云南贡院

育才书院比肩齐鲁

育才书院始建于康熙二十四年（1685年），地在城南外慧光寺，即今东寺街东、西二塔附近。因为它主要是昆明县属书院，故又称"昆明书院"。康熙四十二年（1703年），康熙皇帝亲书"育材"二字匾，悬挂该院，以示鼓励和重视！此后不断扩建，可容百人课读其间，人才济济，

云南贡院东号舍

弦歌不绝！嘉庆年间，云贵总督伯麟在一次视察育才书院后，欣然题诗赞曰：

老夫见猎亦欣然，况汝诸生半少年。

华国文章原匪易，传家衣钵久相沿。

昆华曾见卿云烂，苍洱谁云化雨偏。

伫听弦歌满城邑，彬彬齐鲁共比肩。

咸丰年间，育才书院一度损毁。同治十二年（1873年），地方士绅张梦龄等请准重建，地在城内太傅坊，即今景星街中段。育才书院的山长也曾聘任诸如著名诗人舒藻等不少名流，为云南培养了众多优秀人才。光绪二十八年（1902年）之后，改育才书院为

"省会小学堂""模范第一两等小学校"。民国五年（1916年）以后，先后改办为"省立第一高等小学校""昆明市立第一小学校"。也较早跨入了近代新型学校的行列。

经正书院　辉煌谢幕

　　经正书院始建于光绪十七年（1891年），云南盐法道台陈灿（字崑山）等倡建，地在"翠海（湖）北边报恩寺故址"，即今云南省图书馆附近。光绪皇帝亲书"滇池植秀"一匾。和五华书院一样，经正书院吸纳全省优秀学生，是云南最高级别的书院。书院教学以"古学"为主，即中国传统文化，也兼习"时务"，即现实政治、经济等。先后担任经正书院著名山长的是许印芳和陈荣昌两位先生。他们培养了诸如袁嘉谷、李坤、秦光玉、陈度等杰出人物。他们在新旧社会转型的历史时期，与时俱进，为云南文教事业做出了卓越的贡献。经正书院也先后改为师范传习所、省会中学堂、两级师范附属中学等。经正书院和五华、育才书院一样，是云南新旧社会转型期间最先进的"大学"或"中学"。

　　五华、育才和经正书院都富有藏书，除教学之外，书院还重视研究、编刻云南地方文献。宣统元年（1909年），云南当局将经正书院藏书楼，和原来五华、育才书院的藏书，合并成立"云南图书馆"。馆内先后编刊了《滇文丛录》《云南丛书》《续云南备征志》和《新纂云南通志》等大型地方文献。为保存和研究云南地方文献做出了重大贡献。

　　随着三大书院的"华丽转身"，今五华区内也同时办起了几所"高等"学堂，如光绪三十二年（1906年），为培养新型官吏的"法政学堂"，地处今五一路上段原兴隆街（已

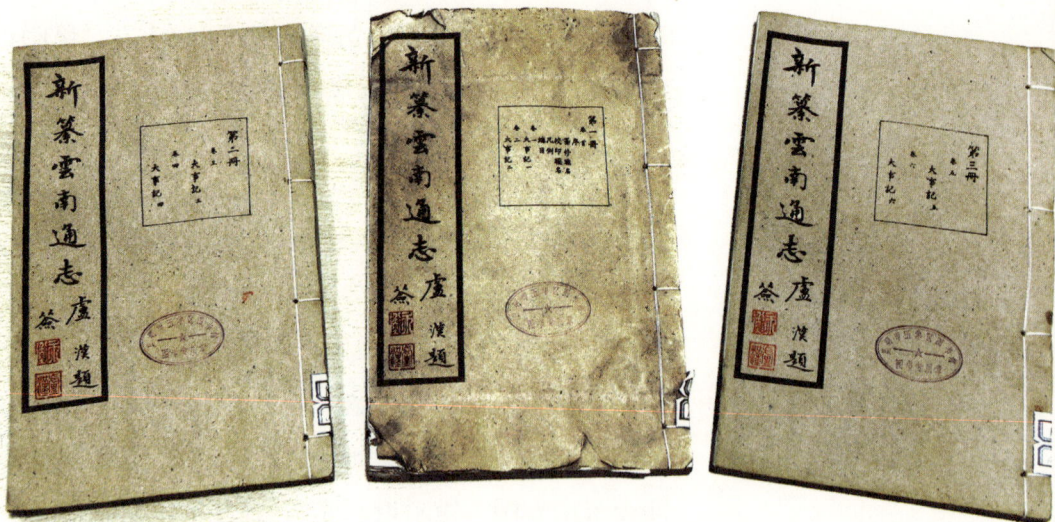

拆），教学以法律、政治为主。民国成立，奉命改为"云南公立法政专门学校"，是云南清末所办专科大学持续时间最长的一所。又如，宣统二年（1910 年），为尽快培养高级工矿技术人才，抵御外侮，最初附设于两级师范学堂之内的"高等工矿学堂"，设采矿、冶金等专业，面向云南和贵州等邻省招生。后迁至平政街大德寺附近，改为"工业学校"。还在如安街等地办有新式"测绘学堂""医学堂"等等。

柳林讲武　将帅摇篮

云南军事教育历史悠久。从光绪二十五年（1899 年）开始，先后经历了"云南武备学堂""云南陆军小学堂""云南陆军讲武堂""云南陆军讲武学校""军官教导团""中央陆军军官学校第五分校"（又称昆明分校）几个重要发展时期。有趣的是，上述学校的老校址，一直没有改变，一直就在今天五华区的翠湖之滨。

经正书院 1909 年 10 月改为云南图书馆，馆内先后编刊了《新纂云南通志》等大型地方文献

军事教育应势先起

❶ 云南陆军讲武堂
工科学员

❷ 云南省陆军讲武
堂学员在上课

鸦片战争一声炮响,终于使大清君臣明白,光靠少林武功、刀枪剑戟是无法抗击洋枪洋炮和保家卫国的。于是,以维护统治为当务之急,不得不开始整改旧军队,兴办新式军事教育,培养新式军事人才。所以,包括云南在内的不少省份,军事教育甚至走在所有新式教育的前列。

戊戌变法的第二年,即光绪二十五年(1899年),云南和全国一样,办起了"武备学堂"。选址承华圃(翠湖)。据说这里是当年沐英等名将"柳林练兵"之地。武备学堂的目的是为云南各地(以昆明为主)的巡防营培养哨官之类的中下级军官。教官由北洋武备学堂选派来滇。学生经招考入学,学制为3年。除了学习军事外,也要学习语文、算学等文化知识。"武备学堂"先后毕业2期学生,它首开云南近代军事教育之先河。

光绪三十二年(1906年)清政府改革军校体制。希望按初、中、高三级学制培养新式军事人才。于是下令各省设立

第三章 腾蛟起凤

WUHUA

"陆军小学堂"一所，是为初级军校。云南将原武备学堂改办为"云南陆军小学堂"，学制仍为3年。该校先后毕业了4期学生，前3期按制送入武昌"湖北陆军中学堂"深造，第4期学生参加了辛亥革命。民国二年（1913年），他们又"解甲从学"，转业成为云南讲武堂第6期学生。云南陆军小学堂从招生、课程设置到毕业，都比武备学堂更具正规军校性质。它为云南陆军讲武堂等近代军事教育奠定了基础。

②

讲武堂的伟烈丰功

宣统元年（1909 年），遵照清廷所颁《奏定陆军学堂办法》第十三条规定，云南改办"陆军讲武堂"，旨在"为新军及防营现任军官研究武学之所"。讲武堂以高尔登为总办，留日陆军士官学校毕业生李根源为监督，留日学生张开儒为提调，以罗佩金、庾恩旸、唐继尧、李烈钧等一大批留日士官生为专任或兼职教官。但清政府未必清楚，总办李根源以及唐继尧、李烈钧等教官在日本已参加了孙中山先生组织的"同盟会"，接受了推翻封建统治的民主革命思想。

讲武堂首批招收学员分为甲、乙、丙三班。甲、乙两班的学员由陆军和防营的现役军人中"调充"，半年轮换一次，属军官短期研修性质。丙班学生则从中学毕业生或同等学力者中招考，年龄为 16 ~ 22 岁，"以品行端方，文理清顺，身体强壮者为合格。"三年毕业，"备充下级军官之用"。开学之后几年，又先后招收过"附班"和"特别班"学员。至辛亥革命爆发时，甲、乙两班两期和特别班共毕业 309 人，还有丙班 270 多人在校。武昌起义后 20 天，云南"重九起义"成功，其中讲武堂师生起到了关键作用。这一时期，也是云南军事教育最为辉煌的时期。

① 云南陆军讲武堂
② 云南陆军讲武堂展室

云南陆军讲武堂

　　民国元年（1912 年），云南讲武堂改称"云南讲武学校"，继续按期招生。民国十一年（1922 年）之后，先后附设"高等军事学校""将校队""军官团""军官候补生队"，不断为中国、越南和朝鲜培养了不少杰出军事人才。1928 年，蒋介石下令各省不得自办军校。云南当局遂将讲武学校改办为"军官教导团"。至民国二十三年（1934 年），毕业 3 期学生，仍呈准称为"云南讲武学校第 20、21 和 22 期学生"。1935 年，云南陆军讲武学校停办，改编为"中央陆军军官学校第五分校"（又称"昆明分校"），继续招生。历时 10 年，至 1945 年，先后毕业学生 5 期、军官训练班 6 期，以及警官、军士、技术等短训班若干期。云南陆军讲武堂自开办以来，主要专业是"炮科""工科""步科""马科"等。又曾附设航空学校，培养过中国自己早期的男女航空人才。

肇始于清末的云南军事教育，以"云南讲武堂"为表率，为云南军事史、教育史，乃至云南社会创造了光辉的业绩，留下了深远的影响。

首先，为中外社会培养了众多杰出的军事人才。据谢本书先生研究指出，云南讲武堂（校）从开办到结束，总共办了22期，培养学员9000多人。后来成为将级以上军官的300多名。其中新中国元帅2人：朱德，讲武堂丙班生；叶剑英，讲武堂第12期生。此外，朝鲜崔庸健，讲武堂第17期生，先后任该国次帅、总司令。韩国李范奭，讲武堂第12期生，曾任该国国务总理兼国防部长，等等。从辛亥革命开始，讲武堂

❶ 朱德塑像

❷ 叶剑英塑像

❸ 云南陆军讲武堂

（校）诸多中国学员几乎与我国所有重大军事活动相终始。不少将士为"重九"起义、护国、护法、北伐、抗日战争和解放战争立下了赫赫战功，乃至献出了宝贵的生命。此外，云南陆军讲武堂不少教官和若干学生，后来成为黄埔军校的骨干。讲武堂使用过的辅导教材成了黄埔军校人手一册的重要读物。

其次，引领了云南近代新式教育的发展。光绪二十五年（1899年）云南开办新式军校时，整个云南，除少数传教士所办略具现代性质的学堂外，尚无一所新式学堂。此时，云南武备学堂附设方言学堂，已经开始教学外语等新学内容，培养出国留学人才。宣统元年（1909年）讲武堂开办，它是云南第一所新式高等专科大学。除学习军事专业知识之外，也同时开设文史和数理化等通识性课程，其教学体制为云南破旧立新的教育发展树立了典范。

再次，树立了科学、严谨的教育、教学风范。如讲武堂坚持以"学"（理论）、"术"（操作）、"德"（品德）三者并重的教育、教学和考试原则。虽为军事学校，但并不放松对学生进行文史、数理等通识性文化教育，希望培养的是兼通中外文化的"儒将"，而不是一介武夫。考核学生以平时成绩为主，考试纪律素以严格著称等等。这些都对云南近代学校教育产生过积极的影响。

云南陆军讲武堂的教材

高校兴起　前后辉映

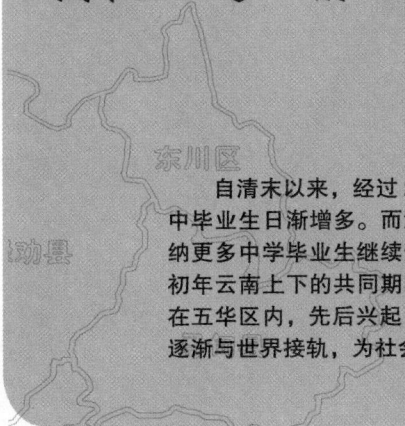

自清末以来，经过 20 多年的发展，云南新式中小学教育有了长足的进步。高中毕业生日渐增多。而清末以来创办的"大学"或"大专"，或停或衰，不能容纳更多中学毕业生继续升学。于是，尽快举办新型大学的呼声，就自然成为民国初年云南上下的共同期盼。于是，从民国初年到今天，从东陆大学到昆明学院，在五华区内，先后兴起了众多不同类型的新型高等院校。云南的高等教育体制也逐渐与世界接轨，为社会百业培养了大批栋梁之材。

向世界一流大学迈进

民国九年（1920 年），省长唐继尧应各界人士的呼吁，开始与留美学生董泽等有识之士研究筹建大学之事。几经努力，私立"东陆大学"终于宣告成立。民国十二年（1923 年）4月，正式开学上课。为确保教学质量，该校先招"预科生"。民国十四年（1925 年）春，始招本科生。先期设文、工两科（院），文科含政治、经济、教育三系；工科含土木工程、采矿冶金二系。民国十七年（1928 年），第一届本科生毕业。他们也是云南自己培养的第一届正规大学生。

民国十九年（1930 年），私立东陆大学奉命改为云南省立东陆大学，学校规模也随之扩大。民国二十三年（1934 年），改称省立云南大学。1938 年，又进一步获准升格为国立云南大学，办学规模和质量再上新阶。从私立"东大"到国立"云大"，云南高等教育彻底摆脱了清末高等"学堂"的办学格

局，真正走上了和世界高等教育接轨的发展道路。1946 年，英国《不列颠百科全书》将"云大"列为中国 15 所在世界最具影响的大学之一。新中国成立后，云南大学进一步发展。1996 年列入国家首批"211 工程"重点建设大学。2017 年，进入中国首批 42 所世界一流大学建设的高校行列。现学校主校区迁往呈贡，办学规模进一步扩大。

截至 2018 年，学校设有 27 个学院、14 个研究机构、1 个公共课教学部及 2 个独立学院，1 个附属医院，设有研究生院。学校设本科专业 86 个，国家特色专业 12 个，

拥有民族学、生态学、专门史、微生物学等 4 个国家级重点学科；有21 个一级学科博士学位授权，42个一级学科硕士学位授权，22个专业硕士学位授权等。学校秉承"会泽百家、至公天下"的云大精神，攻坚克难、锐意进取，不断提升人才培养、科学研究、社会服务、文化传承创新和国际交流合作能力，努力向立足祖国西南边疆、面向南亚东南亚的综合性、国际性、研究型世界一流大学迈进。

2

3

① 云南大学会泽院
② 东陆大学的大门
③ 东陆大学教职员工合影

强强联合的中国名校

　　昆明理工大学源自云南大学的"工学院"。1954 年独立办学，改称"昆明工学院"，直属国家冶金部。1995 年更名为"昆明理工大学"。1999 年，与云南工业大学合并组建为新的"昆明理工大学"。

　　云南工业大学的前身则源自清末以来先后成立的若干中、高级工矿技术学校。宣统二年（1910 年），云南办起云南工矿学堂。民国二年（1913 年）更名为云南甲种工业学校。民国十九年（1930 年），在原甲种工业学校基础上，云南省创立"省立第一工业学校"，地址在今华山东路双塔寺附近，后迁至大西门外文昌宫（现龙翔街文林小学）。新中国成立后，先后改名为昆明工业学校、云南省第一工业学校、云南工学院。1994 年，将云南工学院、重庆建筑工程学院昆明分院等学校合并组建为"云南工业大学"。1999 年，"昆工"再与"云工"合并，堪称强强联合。

云南大学

昆明理工大学

经过 60 余年的发展，今天的昆明理工大学已是全国名校之一。形成了以地质资源与地质工程、矿业工程、冶金工程、材料科学与工程、环境科学与工程的优势学科；以土木工程、建筑学、计算机科学与技术、交通运输工程、农业工程等的支撑学科；以生物学、医学等为新兴学科的特色鲜明的"大有色"优势学科群！2015 年以来，学校工程学、材料科学、化

1 国立西南联合大学教室

2 国立西南联合大学纪念碑碑文

学学科先后进入 ESI 排名世界前 1% 行列。现拥有国家重点学科 1 个、国家重点培育学科 1 个、省级重点学科 23 个、省院省校合作共建重点学科 9 个、博士后流动站 8 个、省级博士后科研流动站 2 个、一级学科博士点 18 个（含 1 个工程博士专业学位点）、一级学科硕士点 41 个、硕士专业学位类别 14 种，有 110 个本科专业。现学校主校区迁往呈贡，学校共有呈贡、莲华、新迎三个校区。截至 2018 年，学校设有 28 个学院、1 个教学部、6 个研究院、13 个临床教学医院。学校有全职院士 3 人，其中中国工程院院士 2 人，中国科学院院士 1 人，科研成果丰硕。历届毕业生，在中国有色金属、建筑、机械加工等行业和云南经济发展中发挥着重要作用。

"联大" 遗脉　教师 "摇篮"

抗战时期，为暂避敌寇凶焰，保存文教火种，北大、清华、南开经湖南、四川、贵州辗转来滇，组建 "国立西南联合大学"。此后，中山大学、浙江大学、同济大学、中正医学院、国立艺专、私立中法大学、中华大学、唐山工学院等著名高校也纷纷迁来云南。它们带来了先进的教育思想、高水平的师资力量。在极其艰苦的条件下继续招生办学。其中以 "西南联大" 教育业绩最为不凡。

据有关档案资料统计，从民国二十七年

❶ 国立西南联合大学教室

❷ 西南联大中文系师生合影

（1938 年）至民国三十四年（1945 年），联大累计毕业本科生 2437 人，三校共计招收研究生 74 人。此外，"曾以不同方式在西南联大受过教育的学生共 8000 多人。"联大培养了不少举世公认的杰出人才，如杨振宁、李政道 2 人获诺贝尔物理学奖；黄昆、吴征镒、刘东生、叶笃正、郑哲敏 5 人获国家最高科技奖。西南联大师生中有 8 人获国家"两弹一星"功勋奖章。

云南师范大学

抗战胜利后，"联大"三校复员北返，为继续培养师资力量，将其"师范学院"留在昆明原址独立办学，定名"国立昆明师范学院"。1950年改名"昆明师范学院"，1984年更名为"云南师范大学"。

现学校主校区迁往呈贡。学校继承西南联大"刚毅坚卓"的校训，规模进一步扩大。截至2018年，学校下设22个学院，2个独立学院，27所附属和合作办学的中小学、幼儿园。学校现有93个本科专业，涵盖文、史、哲、法等11个学科。有2个博士后科研流动站，4个一级学科博士学位授权点，1种博士专业学位授权点，1个未获一级学科授权点的二级学科博士学位授权点，28个一级学科硕士学位授权点。学校拥有国家级人才培养模式创新实验区、国

西南联大的教授

家教育体制改革试点项目、国家级双语教学示范课程等 99 项国家"质量工程"建设项目，实现了国家教学质量工程全覆盖。历经 70 多年的开拓发展，云南师范大学已为国家培养了以师范专业为主的各级各类人才 50 余万人，不愧为教师的"摇篮"！

红土高原白衣天使的母校

位于原五华区内的昆明医科大学，前身是创立于 1933 年的"东陆大学医学专修科"，是云南最早、最标准的西医高等学院。由留学法国的医学生范秉哲、杜棻等教授主持教学。严格考试，重视实习。先后培养了不少著名的医学专家和良医。1956 年独立建成"昆明医学院"，规模不断扩大。1981 年成为全国首批硕士学位授予单位，1998 年成为博士学位授予单位，2010 年云南医学高等专科学校并入，2012 年更名为"昆明医科大学"。

截至 2018 年，学校有呈贡主校区、人民西路、平政街三个校区和 4 所直属附属医院。直属医院中久负盛名的是"第一附属医院"，它就是当年的"云南大学医学院附属医院"，即"云大医

云南民族学院
（现为云南民族大学）

院"。还有 12 所非直属附属医院、11 所教学医院、43 所实习医院、19 个社区实践教学基地和 41 个相关专业实践教学基地组成的完善的实践教学网络。学校与 21 个国家和港澳台地区的 60 余所高校及科研院所建立了交流合作关系，是云南省国际医学人才培养基地。建校 85 年来，昆明医科大学已先后培养 10 万余名高级医学人才，他们大多数扎根边疆，服务基层，为云南医药卫生事业和经济社会发展以及民族团结进步、边疆繁荣稳定做出了卓越贡献。

少数民族英才辈出

云南民族大学创建于 1951 年，原名"云南民族学院"，是中

华人民共和国最早成立的民族高等院校之一，2003 年更名为"云南民族大学"。现主校区迁往呈贡，经过 60 余年的建设和发展，学校现已成为一所学科门类齐全、办学特色鲜明的综合性大学，涵盖了哲学、经济、法学、教育、文学、管理、历史、理、工、艺术等 10 个学科门类，形成了以民族学、社会学、民族语言文学、东南亚、南亚语言文化为优势特色，文理并重、多学科协调发展的综合性大学。

截至 2018 年，学校拥有 2 个博士后科研流动站、2 个一级学科博士点、12 个一级学科硕士点、9 种专业硕士点和 94 个本科专业。有 11 个省级重点学科和优势特色学科、8 个国家特色专业、26 个省级优势特色专业。建校以来，学校始终以立足边疆、服务边疆、服务民族团结繁荣发展为己任。特别是云南 25 个世居少数民族中的第一代学士、硕士、博士、专家、学者、党政管理干部、教育专家、企业家，大多为该校培养造就。学校现已成为中国特别是西南各民族高层次、高素质人才培养的摇篮、研究民族问题和民族关系的重要基地、国家和云南对外开放的重要窗口。

扎根云岭的财经名校

云南财经大学的前身是始建于 1951 年的云南省财政干部学校。1950 年，云南解放不久，急需大批财政财会管理人才，于是举办了"财政干部训练班"，培训了 400 名财政干部。1951 年初，"财政干部训练班"正式改为"云南省财政干部学校"。1964 年，撤销"云南省财政干部学校"，恢复建立商业、合作、财政和银行 4 个专业干校。"文化大革命"期间，几所干校横遭破坏，人散楼空。直到 1978 年，才逐渐恢复合

云南财经大学

并，成立"云南财贸干部学校"。1979 年，开始办"财贸大专班"，向本科院校发展。1981 年，升级为"云南财贸学院"。此后十多年，办学规模稳步拓展，1998 年，经与云南经济管理干部学院合并，办学水平再上新阶。2006 年教育部正式批准"云南财贸学院"更名为"云南财经大学"。

迄今，在"自强不息，敢为人先"云财精神的指引下，云南财经大学发展迅速。截至 2018 年，学校在龙泉路（南、北两院）、呈贡马金铺两地办学，设有 18 个学院、1 个教学部、61 个本科专业，有 3 个一级学科博士点、10 个一级学科硕士点。学校秉承"好学笃行，厚德致远"的校训，坚守"求实创新"的校风，扎根云岭，坚持内涵发展，坚持以人为本，以服务区域为导向，以全面提高教育质量为核心，以学科建设为重点，以体制机制创新为保障，大力推进教育现代化、国际化和信息化，为边疆民族地区培养了 10 万余名经世致用的高级人才，为云南区域经济建设与发展、边疆开放与繁荣、民族团结与进步、社会和谐与稳定做出了突出贡献。

昆明高校的后起之秀

昆明学院是在原昆明师范高等专科学校（简称昆明师专）和原昆明大学（简称昆大）合并的基础上整合昆明市优质教育资源组建而成的全日制普通高等学校。1978 年，经云南省教育厅批准，以昆明市教师进修学校的名义筹建昆明师范专科学校，1980 年，经国务院批准立校。2001 年，先后与原昆明师范学校、昆明幼儿师范学校等学校合并，办学规模进一步扩大。昆明大学则建于 1984 年，校址在人民西路。它曾是云南唯一一所独立设置的综合性职业大学，也是云南省举办高等职业教育历史最长，办学经验和成绩最为突出的学校。"昆明师专"与"昆大"于 2004 年正式合并后，进一步聚合了两校的优势，成为云南省学科门类最齐全，以职业教育为特色的综合性本科院校。

截至2018年，昆明学院设有21个院（系），60个本科专业，18个特色专科专业，覆盖了经济学、法学、旅游等 11 个学科门类。学院着力培养"上手快、后劲足、能创新"的高素质应用型人才，毕业生就业率一向高居省内同类院校前列。学校积极探索推进国际化进程，坚持以服务地方经济社会为己任，立足昆明、研究昆明、服务昆明，主动融入地方经济社会发展，以服务和贡献开辟自身发展的新空间。

此外，昆明冶金高等专科学校、云南警官学院、云南农业职业技术学院等，也是五华区内历史悠久、各具特色的优秀高等院校。

中学荟萃　各有千秋

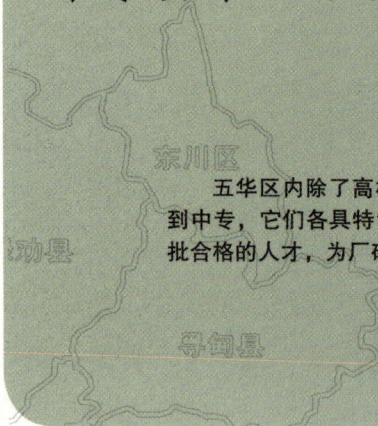

五华区内除了高校林立之外，著名中学也比比皆是。从城区到农村，从普高到中专，它们各具特色，改革创新，不断进步。先后为高等学校输送了一批又一批合格的人才，为厂矿企业培养了一批又一批学有专长的劳动者。

历史悠久的滇中名校

五华区内历史最为悠久的著名中学首推昆明第一中学。

清光绪三十一年（1905 年）开办的省会中学堂是其"正源"。此后，省会中学堂先后改办为两级师范学堂附属中学堂、第一模范中学堂。进入民国时期，又先后改办为云南省立第一中学校、云南省立昆华中学。清朝解元、国民政府考试院副院长、著名书法家周钟岳先生为其题写的"诚敬勤朴，公勇严毅"的校训，至今还赫然在壁。解放前，云南诸多杰出人物如缪云台、楚图南、熊庆来、何瑶、杨振宁等皆先后毕业于该校。

新中国成立后，合并龙渊中学、昆华师范附中，更名为"云南省昆明第一中学"。1984 年，学校定名为"昆明第一中学"。该校荣获中国百强中学、全国中小学科研兴校示范基地、全国奥林匹克教育示范学校、全国青少年校园足球特色学校等。被香港大学、中国海洋大学、西南政法大学确定为优秀生源地。教学质量和升学率一

向位居省市前列。

　　学校以历史悠久，文化底蕴深厚，高质量的教学效果和学生的全面发展，受到社会的广泛认可。近年来，学校先后被评为"全国文明单位""全国教育系统先进单位""全国奥林匹克教育示范学校""全国创建绿色学校先进单位""全国校园文化艺术建设先进学校""全国中小学科研兴校示范基地""云南省未成年人思想道德示范基地"等，被上级部门和社会各界誉为实施素质教育的典范。

独树一帜的女子中学

　　昆明女子学校创建于清光绪三十四年（1908年），称"女子师范学堂"，校址先后选在武成路的土主庙、买线街

昆一中

❶昆明市女子中学

❷昆一中内杨振宁题字

（今华山西路）和长春路（今人民东路），是云南第一所女子学堂。除开设国文、史地、音乐等新式课程外，也开设修身、家事、裁缝等课程，还附设"保姆讲习所"，意在培养有知识的家庭妇女。所以当时入学的多为比较开放的富家女子。进入民国后，先后改为省会女子师范学校、省立女子中学。教育和教学目的和其他中学一致。

新中国成立后，将原有几所女子学校合并，成立昆明市第一女子中学。1969年改为昆明市第二十八中，兼收男女学生。1995年，又重新恢复为昆明女子中学。"昆女中"以其悠久的历史、良好的办学声誉和鲜明的办学特色，近一个世纪以来，为祖国培养了数以万计的巾帼英才，其中有革命烈士吴澄、赵琴仙、席淑筠等；有全国劳动模范李婉芸；有第26届世乒赛女单冠军丘钟惠；有医学界的专家于兰馥等；在昆女中担任过教师的也有许多知名人士，如楚图南、龚自知等。

"昆女中"还为教育扶贫做出了突出的贡献。自1997年起，"昆女中"开始承担省妇联、省教委、省民委等单位联合在学校开办的全国首批实施"春蕾计划"的高中寄宿制班。该校的"春蕾班"现已成为实施"春蕾计划"的示范性窗口、全省城乡贫困女童接受中等教育的重要阵地，影响全国。

两大"附中" 名不虚传

云南大学附属中学简称"云大附中"，始建于1927年，至今已有90年的悠久历史。历经东陆大学附属中学、国立云南大学附属中学等不同时期，1988年恢复使

昆明市女子中学

用现在的校名。经过全校师生的不懈努力，办学规模不断扩大，现有一二一校区、呈贡和星耀共 3 个校区。学校以"热爱祖国、热爱科学、尊敬师长、孝敬父母"为办学精神，以楚图南先生题书"读好书、交好友、行远路、做大事"为校训，形成了"刻苦、奋争、活泼、谨严"的校风。

近年来，云大附中的中考成绩一直名列昆明市前茅。高中也连续七年获得"昆明市高考综合质量优秀学校"称号，现已跻身云南省优秀高中行列。和诸多历史悠久的中学一样，云大附中也具有"名师出高徒"的特点，杨春洲、楚图南、李公朴、闻一多、吴晗、张光年、李广田等著名学者曾先后在云大附中任教。李乔、张天虚、戴永年等一大批优秀人士曾在云大附中学习成才。

云南师大附中创建于 1940 年。其前身是国立西南联合大学师范学院附设学校，简称"联大附校"。1942 年中、小学分开设置，改名为国立西南联合大学师范学院附属中学，简称"联大附中"。抗战胜利后，"联大"三校复员北返，1946 年更名为国立昆明师范学院附属中学。新中国成立后，改名昆明师范学

1942 年，云大附中迁至龙头村时的校址

院附属中学。1984 年，又易名为云南师范大学附属中学。

目前，学校整体迁往昆明市高新技术开发区洪源路办学。建校至今，历尽沧桑，数迁校址，办学规模不断扩大。形成了"求实、认真、团结、进取"的校风；"严谨治学、开拓创新、诲人不倦、为人师表"的教风；"严格广博、勤奋好学、勇于探索、追求不息"的学风。

恢复高考以来，学校的教学质量一直保持云南省领先地位。先后有 600 多名学生考入清华、北大深造，先后为国家培养 5 万多名

学子，造就了一大批栋梁之材。如著名作家罗广斌、宗璞，中国科学院院士万哲先、戴汝为、严陆光等。

为进一步发挥师大附中在云南基础教育的引领和辐射作用，学校先后创办了云南师大实验中学、云南师大附中美华国际高中和云南师大附中呈贡校区。按照"服务全市，带动全省"的要求，学校还选派骨干教师到全省14个州市讲课、培训教师，促进了当地教育质量的提高。

一切为了学生　为了一切学生

云大附中

位于五华区北门街的昆明三十中，其前身是私立南菁学校。1932 年由云南省主席龙云等创办，最初包括中、小学。由于学生多政要子女，人称"贵族学校"，其实并非如此。

　　该校一向取录严格，教学认真，培育了不少仁人志士和国之栋梁。如民主革命时期，一二·一民主运动中"四烈士"之一的于再先生，就是南菁学校的地理教员。据不完全统计，毕业于"南菁"的中科院院士有庄育智、严陆光 2 人；国际半导体器件学科的先行者、我国集成电路发展的引领者黄敞；著名医学专家计有孙穆雍、陈明津等 5 人。清华、北大、人大等著名大学的教授计有陆祖荫、刘自强等 10 余人。此外，散居海外杰出的"南菁"校友也不在少数。

　　1991 年，昆三十中恢复"南菁"校名，两个校名并存。该校倡导"笃学、慎思、行端、履实"的育人精神。强调"德育首位、教学中心、五育并举、依法治教"。办学理念是："一切为了学生，为了一切学生"。办学目标是："团结实干，提高质量，开拓创新，再创辉煌。"多年来，该校高中的办学水平一直处于同类学校前列，教育教学质量稳步提高，社会影响日益扩大。

素质教育硕果累累

原在富春街的"昆八中"的前身是私立护国中学、粤秀中学、建国中学、长城中学等。它们先后诞生在抗战时期，由西南联大常委梅贻琦、潘光旦、闻一多、吴晗、费孝通等教授倡导发起，由云南社会贤达襄助建成。1952年合并为"昆明市第八中学"。此后，规模日益扩大。近年先后在龙泉路和西坝路拓展为两个新校区。首批确定为省级重点中学、省级完全中学。教学质量和升学率一向深得社会认可，素质教育成绩尤为显著。

学校除开足开齐国家规定课程外，还注重对学生的人文、体育、艺术教育，以艺术节、科技节、运动会、春游、军训、成人仪式等活动，丰富学校课程；通过社团活动，关注和引导班级文化和宿舍文化的建设；通过国际交往，拓宽师生视野，促进文化的交流和融合。学校是昆明市篮球、乒乓球、棋类、武术、田径、排球、网球等体育项目传统学校，并被国家体育总局批准创建青少年体育俱乐部。丰富多彩的学校教育活动，不断提高学生的综合素质。

为中阿文化交流贡献良多

明德中学的前身是成立于1929年的"私立明德学校中学部"，是一所由中国回教协会云南分会创办的学校。最初只招回族男生，1941年男女并招，也

❶昆明市三十中学

❷南菁学校礼堂

昆明市明德民族中学

招收其他民族学生。1952 年，由国家接收，改名为"昆明第十三中学"。1988 年恢复"明德"校名。

明德中学在长达 70 余年的办学历程中为国家输送了大量优秀人才。如抗战期间，该校有 130 多名学生投笔从戎，参加中国远征军对日作战。新中国成立之后，培养了志愿军空军英雄合能基、战斗英雄刘洪彬、全国劳模马德贞等等。获全国民族中学示范学校、昆明市民族团结先进学校等光荣称号。

促进中阿文化交流是明德中学的一大贡献。1931 年，该校选送了第一批学生纳忠、林仲明、张有成以及上海伊斯兰师范学校的云南学生马坚，前往埃及开罗艾兹哈尔大学深造。1934 年又选送第二批学生纳训、林兴华、马俊武到埃及留学。留埃学生毕业回国后，为培养外事人才和中阿文化交流做出了重要贡献。如马坚，北京大学东方语言文学系教授，主编《阿拉伯语汉语词典》，译著有《古兰经》等。纳忠，先后任中央大学（今南京大学）、云南大学、北京外交学院教授，主编《阿拉伯史》等。纳训，将阿拉伯文学名著《一千零一夜》译为中

文，又将鲁迅的《风筝》、朱自清的《背影》、曹禺的《雷雨》等译成阿拉伯文。

成绩斐然的农村中学

沙朗民族实验学校位于西翥街道办事处。2006 年，学校被省教育厅、省民委确定为民族团结教育示范学校，正式批准更名为五华区沙朗民族学校。2011 年，沙朗民族学校与大村小学、东村小学整合，成立九年一贯制义务教育学校，同年 4 月，更名为五华区沙朗民族实验学校。学校生源主要来自西翥街道办事处辖区 6 个村委会的汉、白、苗、彝等民族。学校近年来还承担管理乡村少年宫的职责，开展富有少数民族特色的扎染、霸王鞭、葫芦丝、古筝、民乐团等系列活动。学校先后被授予省级爱生项目学校、民族团结教育示范学校、昆明市青年文明校园等称号。

厂口学校始建于 1973 年。1996 年被确定为云南省二级一等初

明德民族中学

① 五华区厂口学校上体育课的学生
② 五华区沙朗民族实验学校

级中学。2014年学校根据五华区统一安排部署，进行资源整合，正式更名为五华区厂口学校，学校由原五华区厂口中学、厂口小学、新民小学、陡普鲁小学等4校合并组成，是一所九年一贯制农村寄宿制学校。学校拥有劳动实践示范基地，为学生提供劳动实践场所，栽种果树及蔬菜等。2006年，学校被评为五华区体育网点学校。多年来，在参加昆明市和五华区的中小学田径运动会以及拳击比赛中，厂口学校都取得了较好的成绩。

小学集中 特色鲜明

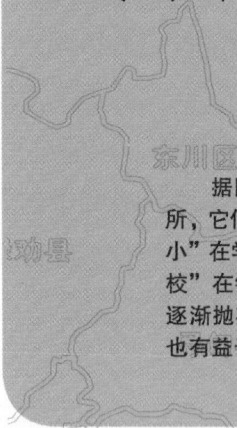

据民国《昆明县志》记载，民国十一年（1922 年），昆明市立小学校共有 21 所，它们绝大部分在今天五华区内。如"一小"在景星街、"二小"在富春街、"四小"在学院坡、"六小"在一丘田、"九小"在登仕街、"十小"在平政街、"十一校"在钱局街、"十五小"在书林街等等。这时男女同校，有年龄规定，教材也逐渐抛弃了封建文化糟粕。小学的独立开办，无疑有益于扩大和普及小学教育，也有益于彰显其不同的办学特色。

西方大、中、小三级学制引入中国之前，我们虽然也有"小学"，但只是以"习字"为特征的学堂，并无年龄限制。清末开始逐渐按西方三级学制办学，一则因为从无到有，二则因为师资奇缺，只好采取大学堂附设中、小学，或中学堂附设小学，乃至幼学的办学方式。进入民国之后，"学堂"改"学校"，才逐渐分开，也才渐渐有了独立的小学校。

据民国《昆明县志》记载，民国十一年（1922 年），昆明市立小学校共有 21 所，它们绝大部分在今天五华区内。如"一小"在景星街、"二小"在富春街、"四小"在学院坡、"六小"在一丘田、"九小"在登仕街、"十小"在平政街、"十一校"在钱局街、"十五小"在书林街等等。这时男女同校，有年龄规定，教材也逐渐抛弃了封建文化糟粕。小学的独立开办，无疑有益于扩大和普及小学教育，也有益于彰显其不同的办学特色。

新中国成立之后，五华区内小学进一步增多。它们有的继承自己悠久的历史传统，发扬光大。如云大附小、云师大附小等著名小学；有的"初试啼声便不凡"，如民院附小、新萌学校、西翥一小、瓦恭小学、迪六小学等。它们各具特色，争创一流，共同为初等教育做出了重要的贡献。

风采依旧的百年小学

位于原武成路（今人民中路）的武成小学可谓百年老校。

清朝光绪二十九年（1903年），云南初创11所省会小学堂，其中就萌生了最早的武成小学。此后，又先后合并为"四学堂"之一、两级师范学堂附小、第二模范小学堂等。1922年，改为"昆明市立第二小学"。1936年，全市小学一律以所在街道命名，从此，便有了直至不变的名字。新中国成立至今，先后与同样著名的之江小学、毓英小学等合并，办学规模不断扩大。现有武成本部、毓英分部和国福分部三个校区。

武成小学把"特色"二字始终作为办学之要。2013年，该校率先启动"小学特色选修课程"，这在小学实属前所未有的创举！他们开设了科技创作、文体艺术、语言人文、生活

武成小学

实践等 7 大类 53 门选修课。学生可"全员参与，全校走班、全程免费"学习。2015 年，又进一步启动学生网上选课系统等，几乎和大学一样，在老师的指导下，他们启动"高选择、多样性"的选课制，更有益于提高学生的学习兴趣，对全体学生而言，也有益于较早培养全面发展和不同个性的优秀学生。多年来，该校被评为云南省优级甲等学校、云南省一级示范学校、云南省现代技术实验学校、云南省语言文字规范化示范学校等。

和武成小学同样历史悠久的名校，还有长春小学和大观小学。

长春小学的历史可追溯到光绪三十四年（1908 年）。昆明成立"劝学所"，按学部章程，在守富巷，即今劝学巷创立昆明县立师范学校附属小学，又在象眼街云南藩台衙门后院增设分部。1939 年因日机轰炸而停办。1945 年重建复课。

新中国成立后，与原市立师范附小合并，改称昆明市长春小学，一度划在盘龙区。1998 年之后，先后与华北小学、咸宁小学、南昌小学合并，改称五华区长春小学。该校始终坚持建设"学习型校园"，把正确的学习方法和创新的观念放在重要位置。"围绕课堂抓质量，围绕质量抓教研，围绕教研抓提高"，使学科测验及格

长春小学

率、优秀率、学生综合素质能力的合格率不断提高，学生家长和社会满意度也不断提升。2008年"5·12"大地震后十天，该校代表五华区接受震区86位学生来校生活、学习，圆满完成任务，国家授予该校教育系统抗震救灾先进集体。此外，该校还多次获得"先进学校"称号、教育教学质量奖等。

大观小学发端于辛亥革命之后。1912年，地方士绅李春圃等在西安马路三光庵办起义学一所，开设"新学"。当时校舍狭窄，难能发展。此后，俞文、田玉春等人联合社会贤达上书市政府，请求重新扩建。民国二十七年（1938年）得滇军名将鲁道源（子泉）等鼎力相助，于次年扩建成功。

新中国成立后，初名昆明市第四区第一中心小学。1952年，改名大观小学。曾一度为昆明

第一师范学校附属小学，作为其毕业生的教学实习学校。1959 年之后，一直复为五华区大观小学。值得点赞的是，1985 年，由区政府拨款，成都军区后勤部驻昆办、昆明市汽车运输公司资助，云南省勘察设计院免费设计，一年建成新的教学大楼。

该校学生在老师的辛勤培育下，涌现出"全国十佳少年"等。数百名同学先后获得科技创新、书画、体育、作文、英语、计算机、舞蹈等奖项。该校先后获得昆明市创新大赛一等奖、电子制作一等奖、昆明市合唱一等奖及五华区第 21 届学生艺术节合唱金奖、朗读奖金、美术奖金等。

老"布新" 新"红旗"

红旗小学是新老学校"嫁接"而成的名校。

1961 年，"红旗小学"在五华区毛巾厂的旧厂房挂牌启动。十年之后，颇有名气的明德一小、布新小学和靖国小学先后加盟"红旗"。他们各有其悠久的历史。特别是布新小学，原址在顺城街中段。民国初，先后被称为"昆明市第八小学""忠爱小学"。1947 年，由"昆明布业工会"发起同业

大观小学

者捐资改建，故校名"布新"。当时云南省主席卢汉还为之亲题"惠商新学"一匾。

合并后的红旗小学也有"布新""靖国"和"经典明苑"三大校区。汇集了新老学校的办学特长，一向以"尊重教育，尊重文化"为办学理念。积极推行"十商素质教育"——关注少年儿童的品德、志向、情商、智商、胆识、健康、心理等十个方面的教育培养。该校积极参与"十商素质教育"论坛，承办有关教育教学研讨会。涌现出"小猫钓鱼""我的爸爸""孔子春游""国学魅力""太极达人"等在全国很有影响的"十商"新课程，深受学生喜爱。

近年来，该校荣获全国教育信息化示范基地、全国优秀科学教育实验基地、全国未成年人生态道德先进单位、云南省优级甲等学校等。

特殊教育的丰碑

新萌学校——西南地区有史以来第一所智障学校，1985 年诞生在翠湖之滨。

这是一所特殊教育学校，之所以称其为"学校"，是因为如果按年龄，这里的学生入学前，有的早已超过了小学或中学。如果按受教育程度，他们大多数还远不及小学乃至幼儿园！据统计，中国不幸有 1% 的智障儿童和青少年！如何教育培养他们回归"正常"，是我们不可回避的社会问题和教育难点！

五华区政府担当此任，决定在东风小学一间简陋的教室里先开办"弱智教育实验班"，最初只招了 18 位智障儿童。由资深小学教师陈克丽和她的两位同事具体负责实施。1986 年九月，迁至钱局街，由先锋小学代管。扩招为两个班 32 人。她们一开始就奉行"像母亲般对待弱智儿童，把她们培养成既掌握一定文化科学知识，又能自食其力，残而不废的劳动者"的宗旨。

艰难的特殊教育从手把手地教孩子穿衣吃饭、上厕所等生活自理能力开始。逐步让他们学会数数、正确说话等技能和知识。不到两年，老师的爱心和辛苦换来了骄人的成绩！闭卷考试，全班数学及格率为 87.5%，语文及格率为 80.3%。尤为重要的是，通过集体教学、文体和娱乐活动，使孩子们走出了自我封闭的阴影，校园出现了难得的欢歌笑语！

1988 年 5 月，新萌学校正式挂牌，五华区政府加大了学校各种硬件设施的投入。扩大招生 120 名，采用"9 + 2"全日制寄宿制。又在普吉林家院增设了新校区。学校进一步确立了"尊重生命，促进智障学生人性化、社会化发展"的办学理念。提出"改变一个孩子，温暖一个家庭"的"五华特教"精神！老师们不变的仍然是爱心、责任和坚持，增加了知识教学和技能培养的内容和难度。办学至今，"新萌"创造了一个个奇迹！

该校学生在世界特奥会、亚太地区特奥会等比赛中共获 79 枚金牌、58 枚银牌、53 枚铜牌。其中世界特奥会斩获 6 金 7 银 5 铜的优异成绩！有 10 名同学入选国家队，8 名同学被评为全国优秀特奥运动员。在全国及省市少儿书画作品大赛中，"新萌"学生获奖人次逾百。新萌学校被新华社收入《中国地方名校》；被授予全

国教育先进集体、全国特奥工作先进集体；被定为云南省特殊教育研究与实践教育基地，等等。"新萌"学生昂首走向世界，新萌学校为特殊教育树立了丰碑！

农村小学各具特色

昭宗小学的历史可追溯到清代。同治年间，昭宗河底村开始创办"义学"，校址在昭宗河底村村民家中。当时只有一个班，学生10余人，教师1人。民国十九年（1930年），"义学"改为民办小学，名为昭宗国民学校。解放以来，昭宗乡初级教育进一步发展，办学质量、社会声誉不断提高。近年来，以"打造五华城郊的精品学校"为办学目标，坚持"以教学质量为中心，以学生发展为根本，以精细管理为保证"的管理策略。形成了自身的办学特色：第一，聚焦课堂，质量为先，办学水平稳步提升。第二，德育为先，特色立校，学校办学内涵发展。第三，充分挖掘场地优势，文体活动百花齐放。

普吉小学，源于清嘉庆年间地方贤能人士捐资兴办的私塾。1950年由昆明市接管，初名"林家院村小"。1965年后单独设为"普吉中心完小"，办学规模逐步拓展。学校秉承"崇德、明理、思进"的校训，努力培育"尊师、守纪、文明、勤奋"的校风，按照"办好区域内优质学校"的发展目标，以教学、科研工作为突破。学校连续获得五华区教学进步奖、五华区教育教学工作先进集体等称号。

此外，西翥一小、陡普鲁小学、瓦恭小学、迤六小学等，也是五华区各具特色的农村小学。

❶ 新萌学校运动场

❷ 普吉小学的同学们在打乒乓球

成人教育　源远流长

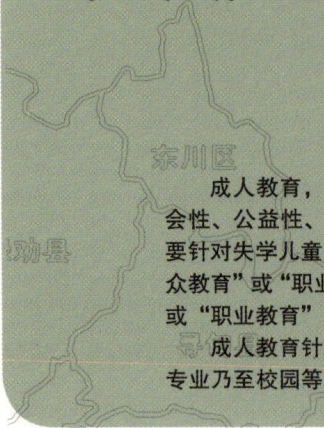

成人教育，不同时期名称和含义并不完全一致，但主要指主体学制之外的社会性、公益性、普及性和职业性教育。中国古代称之为"社学"或"义学"，主要针对失学儿童，多由地方士绅举办。民国时期，把针对失学成人的教育称为"民众教育"或"职业教育"，多由政府主导、学校兼办。新中国成立后，称"成人教育"或"职业教育"，办学形式和专业更加丰富发展。

成人教育针对不同年龄、不同学历的成年人的教育需求。虽无固定不变的学制、专业乃至校园等，但却是不可或缺的办学方法和教育阵地。

话说民国成人教育

云南成人教育兴起于民国初期，与当时的"国民自治运动"同步。民国十四年（1925 年），政府下令各地开办"讲习所"，向民众宣讲"国民自治"与文化教育的关系。民国十九年（1930 年），云南成立"民众教育委员会"，制定计划，大力推行民众教育。以昆明市为示范，全省普遍设立"民众学校"，以成人扫盲教育为主。在文庙设立"昆华民众教育馆"、演讲厅、博物馆等，普及文化知识。创办了《云南民众教育》《昆明民众教育》等刊物，宣传民众教育。民众教育取得了长足的进步。据 1930—1934 年统计显示，云南全省各种成人民众学校共有 4000 余校（或班），先后如期毕业成人学生 12 万以上！

抗战爆发，随着大量高校和文化机构迁滇，民众教育进一步与抗日救亡运动有机结合起来，如火如荼，成效显著。1940 年，云南成立了"战时民众补习教育推行委员会"。开办"战时民众补习学校"，学制为一年。进一步开设"公民训练""习字""国语""唱歌"（抗战歌曲）等层次较高的课程，分 8 个社区招生。第一届招收失学成人 16385 人，毕业合格人数 14732 人。今五华区内外，政府在市立第一小学至第四小学内，分别兼办了 4 所"平民学校"，外加"万钟街平民学校"和"珠市街平民学校"，总计 6 所。针对成人的工作和生活特点，"平民学校"又分为日校和夜校两种。在文庙、景星街、金碧公园、翠湖海心亭、洪化桥、平政街、劝业场、象眼街四牌坊等地建立了 13 个书报阅览所，供民众读书学习。

当时民众教育的另一杰出的创举就是"小先生运动"。具体办法是，将高小学生按每 10 人组成 1 组，晚上分片去教成人文盲识字、学文化。这一活动一直延续到抗战结束。例如，1945 年，"育才学校"的家贺所撰《我们是小先生》一文，如实地记载了当时"小先生"教书情况：

> 每当吃过午饭，太阳在天空笑。我们便挟着土纸做的书本，走出了古庙门，走向那破茅草的房子。还没有走进那房子，总是老远就听到一阵阵欢笑和叫声，迎接了我们。狗儿汪汪叫着，摇着尾巴。老婆婆给我们赶着狗，请我们进屋。那仁慈的面孔，和善的声音："先生，你们麻烦了，天天来教我们啊……"

昆明市战时民众教育成效显著。来自城乡的失学成年男女，包括农民、工人、小贩、家佣乃至无业人员，都踊跃参加学习。有不少人通过学习和考试，不但迅速摘掉了文盲的帽子，而且还变成了可以为抗战工作的"战士"。正如当时一位记者写道："他们在毕业后已是正式组织起来了。女生是担任着看护和缝纫两种工作；男生都担负了消防、工程和运输。这样一来，他们每个人都由文盲而变成为战士，变成抗敌阵线上的奋斗者，在抗战中是增了不少的力量的。"迄解放前夕取得了突出的成绩，据官方统计，1947 年全省民众学校共 184 所，补习学校 3 所，民众教育馆 116 所，图书馆 177 所，科学馆 1 所，民众阅报处 359 处，通俗演讲所 533 处。据《云南政府工作报告》1948 年权威发布，当时全省失学成年人之调查总数约为 5561451 人，经识字教育之后，摘去文盲帽子的人数为 2547427 人，占文盲总数的 45% 左右，这样的成绩对于一个经济文化尚处于落后的边远省份的确并非易事。

成人教育的领头羊

原位于云瑞东路的"中华职业教育社"及其所办学校，一直为云南的成人教育发挥着重要的引领作用。民国七年（1918 年），中国民众教育先驱黄炎培先生等在上海首创"中华职业学校"，以"敬业乐群"为校训。次年，又办起"职业指导所""补习学校""乡村改进社"等。这一办学形式逐渐推向全国。

民国二十八年（1939 年），中华职业教育社在昆明兴隆街设立"云南办事处"，与原云南教育厅合作，开办"昆明中华职业补习学校"，为广大在职或失业青年、失学青年补习各种文化、实用技术、科技知识，助其提高工作能力，为就业和升学做准备。抗战时期，该校又先后为银行、工厂、商店等开办工作训练班和补习班。在昆明创办中华小学、中华中学、中华业余学校等。并继续开办国文、技术、财会、英语等补习学校，还进一步将此类学校推广到曲靖、宣威、蒙自等地区。抗战胜利后，"昆明中华职业补习学校"改成自办。引导青年投身民主革命运动，为抗日救亡和云南解放做出了积极贡献。

从新中国成立到"文化大革命"开始，"昆明中华职业补习学校"先后改称"昆明中华业余学校"、"中华中学"、"中华业余学校"、"工业中学"（与五华区合办）等。重在为工农干部补习文化，提高素质。学

昆明中华业余学校

员遍及云、贵、川三省。1980 年复校办学，校址暂设于昆明二十八中内。根据社会新的需求，从中专单科和高初中文化补习班，发展到大专专业班、高考辅导班、大学单科班，以及报考电大、夜大、函大补习班，中专程度的电子技术、电工学、制图、会计、摄影、缝纫、电脑等学科。同时，还为军队培养军地两用人才。学制仍然是长短结合、全日制和业余结合，为国家培养了各类人才累计 50 余万人！

2011 年，根据中华职业社理事长成思危先生提议，云南财经大学和中华职教社联合设立云南财经大学中华职业学院。高高耸立的"炎培楼"集教学、办公、实训为一体，永远铭记着黄炎培、孙起孟等先生及所有"中华职教"人的历史功绩，并继续进行着云南成人教育未竟的事业。

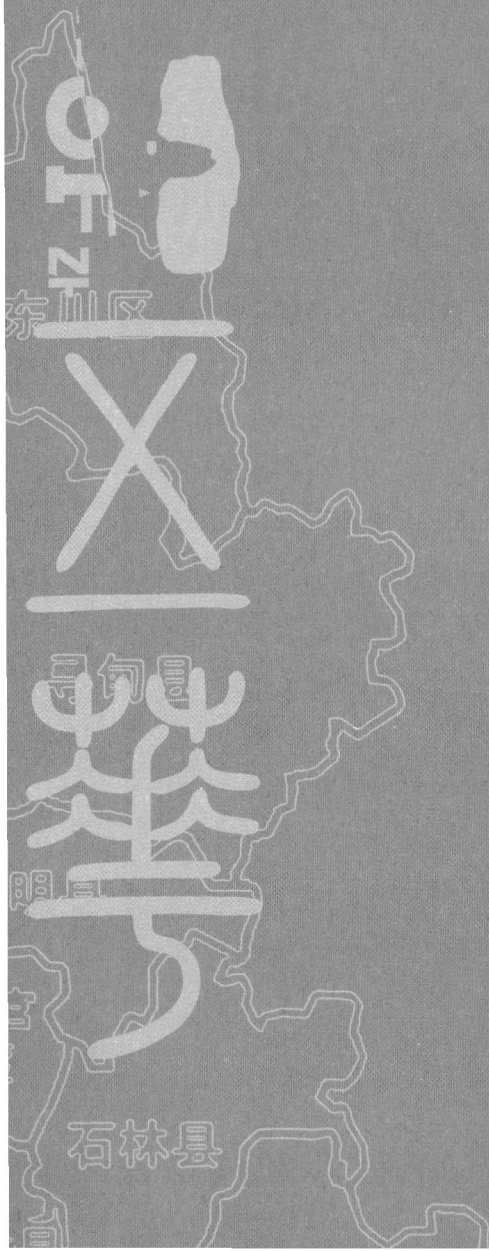

第四章
繁华市间

　　五华区作为昆明的核心区域，自元朝迄于清朝，就是云南商贸交易、物资集散和交通运输的中枢之地。近代以来的昆明，尤其是抗战期间，城市街道，市井百业，交通运输等，进一步经历了从一座古老省城到新型都市的历史变迁，留下诸多与此相关的街巷商道、仓储码头、城乡集市、航空陆路、衣食住行、经贸名人的历史遗迹，共同讲述着这座"繁华市间"的前世今生。

商贾云集　水陆要冲

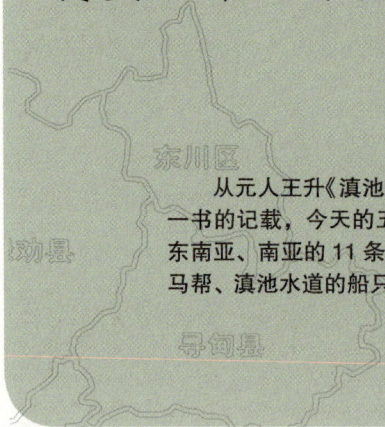

从元人王升《滇池赋》"五华钟造化之秀，三市当闾阎之冲"，到清末《云南概况》一书的记载，今天的五华山麓和三市街一带，业已形成繁荣的市井。指通内地和东南亚、南亚的 11 条驿道，日夜行走着成百上千匹运输货物的牲口。川流不息的马帮、滇池水道的船只，南来北往的客商，使我们仿佛置身在古代热闹的昆明……

熙来攘往　热闹市井

　　2004 年新的行政区划，将明清及民国时期的昆明"老城"，划入五华区内。这里自古以来就是云南省和昆明地区的商贸、仓储、物资集散和交通运输的中心。

　　元朝时期，意大利旅行家马可·波罗来到滇池盆地，不禁感叹，"雅歧城"（即昆明），"系一壮丽大城。城中有商人和工匠，为杂居之地。……至于货币是以河中所取的白贝壳充用，兼可作为头饰。" 当时的文人王升在《滇池赋》中则写道："五华钟造化之秀，三市当闾阎之冲；……千艘蚁聚于云津，万舶蜂屯于城垠；致川陆之百物，富昆明之众民。"从中可以得知，当时南城门外的三市街，已经是繁华的附郭街市了。

　　明朝时期的云南府城，城中多为官衙和寺庙。城墙之外，"环城有河，可供舟楫。外有重关，跨隘街市"。 据古老传说："明清两代，南关商埠之地，列市纵横，极为繁盛。"而各种史志中有关

商贸课税的记载，则间接地反映了当时商业贸易的情况。如明人李元阳《云南通志·赋役》篇中，就载有"云南府课程，商税银四千五百七十九两一钱三分六厘九毫一二忽八微"，税课种类有"门摊银、酒课、鱼课、窑课、租课、房租"等十余种。可见明朝云南府商贸的繁盛！

清朝，特别是其中后期，有关昆明商业贸易的历史记载更加丰富。平息吴三桂割据叛乱之后，城内居住的民户逐渐增多，商业逐渐兴盛。清末，日本外务省通商局编纂的《云南概况》，对当时昆明的商业繁盛地段，有过详尽的记录：

南正街、三牌坊（今正义路南段）：从南门直线向北，为省城第一条繁华街道。有洋纱铺 30 余家，丝线铺 20 余家，其余为洋杂货铺；四牌坊、马市口（今正义路北段）：有陶瓷器铺 10 家左右，洋纺铺数家，外有书铺、药铺及劝工局售货处；辕门口、东院

老昆明

《马帮》青铜雕塑

街（今光华街）：开设鞋帽铺、洋杂货铺；西院街、福照街（今如安街、五一路）：西院街以棉衣铺为多，并有马鞍店数家；福照街售上等衣类、蒲团；二纛街（今民生街）以玉石器、铜器、衣类店居多；长春坊、树皮坡、东门正街（今人民中路）：以饮食、古玩、盐行店铺居多。

《概况》中还记录了"粮道街"、"书院街"（今文明街）、"南门外"（今三市街、宝善街一带）、"东门外"（今小花园至交三桥一带）、"西门外"（今大观街、潘家湾一带）等处商业繁盛的情况。这些地段，大多数都在今天的五华区之内。

在清末民初，近日楼下曾是一个花市，出售各类花木奇石珍玩。最热闹的时候，是每年的端午节前后。而元宵节前后，南正街（今正义路南段）都举办"灯市"。商家纷纷悬挂各种精美璀璨的花灯、宫灯、走马灯。夜幕降临，灯火齐明，城内外前来观灯的男女老少，熙熙攘攘，热闹非凡。那时文人留下的《竹枝词》，为我们记下了这个繁华市间的生动画面：

时近年节且上街，近日楼前买红梅。
撇见子君兜裙屉，上市传呼饵块来。

玩具摊摆满琳琅，面具铜锣与刀枪。
压岁钱花样样买，崩碉吹过三牌坊。

金吾驰禁久相仍，放夜嬉戏记如曾。
三市街头箫鼓遍，儿童争买走马灯。

行走在山野间的马帮

商道马帮 马店堆店

发达的商旅贸易和交通运输造就了昆明繁华的市闾。自古以来，昆明就是云南各地连通内地的重要通道和节点，也是内地通往南亚、东南亚的辐射中心。

清代云南以昆明为中心，形成东通黔、桂，南抵越南，北连川、藏，西接缅甸和印度的主干驿道 11 条，分别为迤东驿道，又称"通京大道"，自北京"皇华驿"至云南省城昆明共五千九百十里；昆明—罗平驿道；昆明—昭通驿道；昆明—皎平驿道；昆明—西昌驿道；昆明—泸县驿道；昆明—滇西驿道；昆明—巴安驿道；昆明—车里驿道；昆明—百色驿道；滇桂驿道。昆明作为云南省会和商业贸易、物资集散中心，通过这些驿道，承载着繁忙的滇铜外运、滇茶外运、对外贸易、食盐贸易、滇锡贸易等大部分功能。很多商品物资都要经过昆明聚集和转口。至清代后期，云南马帮逐渐形成商团化。全省形成 4 大马帮运输干线，除滇西北干线不经由昆明之外，其余三大干线皆以昆明为枢纽中心。这其中，大部分干线都以今五华区境为起始地点或必经之地——

滇西干线：由昆明等地经下关再至保山、腾冲出口到缅甸、印度等国，以及经下关转输四川西昌等地；滇东干线：以昆明、曲靖为起点，经昭通转盐津渡（老鸦滩）至横江下船至宜宾、泸州，来回输运物资；滇南干线：以昆明为起点，经宜良、盘溪、开远至

①

❶ 马店
❷ 沙朗古道上的马蹄印

蒙自、个旧，再分别经河口至越南，或经文山、富宁出广西；还有从蒙自西行至临安、石屏至普洱抵西双版纳。当时，每条干线，都有六千到一万匹左右的驮马，长年奔走在蜿蜒崎岖的山道上。如今，在五华区西翥街道办事处沙朗坝子大村东面山坡上，还留存着一段长约两公里的古驿道。这条宽不到两米，青石铺路的古道，通往富民、武定，越过金沙江后进入四川。岁月沧桑，古道悠悠，那凹凸不平的石块上深深的马蹄印，还会引起人们无限的遐思。

明清时期除"官驿"之外，还出现了专业经营民间邮务和货运的机构。清代咸丰以后，从重庆来昆明的陈洪义，创办麻乡约大帮信轿行。所谓"麻乡约"，是从事这个行道的人员，大多出自湖北麻城。其客运部叫麻乡约轿行，货运部叫麻乡约货运行，递信部叫麻乡约民信局。业务遍及云、贵、川外，还远达滇越、滇缅国际干

马帮用具

线。"大帮信轿行"的经营延续了近百年。据传，其"总店"就在今甬道街、景星街交接处。

有川流不息的马帮和客商，就有迎来送往的马店和堆店。明清至民国期间，昆明及周边的县城和集镇，都有许多马店和堆店。马店有客房，马棚、马厩，卸驮场地。供柴不供米，供草不供料，通常是住店人自己烧火做饭，也有代客煮饭的，设备简陋，收费低廉。有的马店还兼营食品、杂货、马鞍、马掌及其他用具。堆店除提供仓库场地供客商堆放、寄存货物外，并兼做牙行，居间经纪，协助大宗货物买卖。当时民谚云："不够住的马店，搬不空的堆店"，可见其盛况。

当时，昆明的拓东路、关上、黑林铺，特别是凤翥街、大西门和顺城街一带，是马店和堆店云集之地。在马帮运输业已经走向衰落的1956年，昆明市9个区、县还共有客店和马店110个，可住客2127人次，可厩马2023匹。其中，五华区的马店可住客1100人次，厩马750匹，仍是其他各区、县的三四倍。昆明市主城区最后的马店，在五华区凤翥街，它在20世纪90年代初，才退出历史的舞台。

河湖航运　码头仓储

昆明以往的水运也非常繁荣。五华区内，至今还遗留着新老两条运粮河和篆塘码头。

滇池上的小帆船

滇池和盘龙江是旧时昆明地区最重要的运输水道。古时候，从昆明出入滇西、滇南方向，可以从小西门外篆塘码头上船走草海到高峣、昆阳，或者从云津桥或南坝走盘龙江过滇池到高峣、昆阳。而新老运粮河，则是从城区与滇池连通的专门输送粮食的人工运河。

老运粮河挖筑于明洪武十八年（1385 年），是疏挖海沟、沼泽地形成的人工运河。东起大西门外茴香堆（今昆一中附近），与洗马河等翠湖水系相汇，北与老龙河（今凤翥街附近）相连，东南与顺城河相通，后七亩沟一段（今讲武堂至市体育馆段）因污染严重，也因市内交通的需要，由明河改为暗河。经红庙、赵家堆、李家堆、明家地、河尾村等地与滇池相连。当年滇池沿岸及周边各州、县生产的粮食即由此河运入大西仓，全长12 公里。现在的大观河，即是原老运河的一段，旧称西门河，全长 2.5 公里。20 世纪 90 年代以前，还发挥着物资运输及旅游客运的功能。

新运粮河则源于沙朗乡车头山，经桃园村、甸头村、沙靠村入西北沙河，再经普吉、陈家营、海源庄、龙院村（鸡舌尖）、新发村、红家村、梁家河，在积善村附近的王家堆渠进入草海。主河道长 14.58 公里。习惯上由桃园村至龙院村段称西北沙河，由龙院村至今成昆铁路段称中干渠（左龙须河），今成昆铁路至入草海段称新运粮河。主要支流有白龙河、海源河、西边小河、马街大沙沟、马街小沙沟等。

篆塘码头则先后有明代篆塘（在原茴香堆附近）、清代篆塘（在原仓储里附近），随着滇池水位的变化，原茴香堆及仓储里段先后淤塞，这两个码头也先后被废弃。1932 年，市政当局填平仓储里段，改修篆塘河及篆塘码头（称为民国篆塘）。1956 年至 1958 年及 1973 年，市政府又在四十三医院对岸修建新码头，昆明人称为"新

1 20 世纪 80 年代的滇池客轮

2 现在的篆塘码头

大观河里的帆船

篆塘"。

　　河道码头一带，有仓储市场等与之相配套。今篆塘大观河一带，清朝时附近有小西仓及庆丰、裕丰等仓厫。以后演变成仓储里、庆丰街等街巷。而钱局街附近，原"云南府"衙门（今师大附小）不远处，则是建于道光八年（1828年）的昆明最重要的粮食仓库"大西仓"。不远的圆通山侧，则有建于雍正年间的"北仓"（小惠仓）。

　　今天昆明主城四区交汇点的德胜桥一带，是昆明八景"云津夜市"所在。古诗《云津夜市》描写盘龙江畔的夜市盛况说："云津桥上望，灯火万千家。问夜人沽酒，寻店客系槎。城遥更漏尽，月

船夫浮雕

圆市声哗……"盘龙江沿岸一线除云津夜市之外，沿江还有南坝、大东门、小东门、米厂心、豆腐厂及龙头街等处，都曾经是热闹兴旺的集市。

当年的滇池及盘龙江、运粮河上，有合子船、加帮船和梭镖船三大类8种木、帆船。宣统二年（1910年）滇池开始有兼营客货运输的小火轮，往来于西华街、白鱼口、海口及昆阳等处。轮船码头就在篆塘。如今，滇池、盘龙江、大观河及新运粮河，波光依旧却趋于沉寂，那种"楫楫而来，帆帆而去"的景象俱成往矣！

古老省会　新兴都市

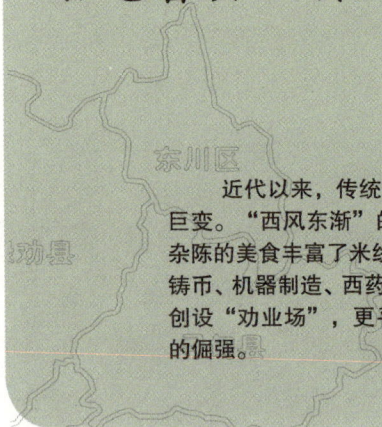

近代以来，传统生活方式的改变，新型行业的诞生，见证了昆明城市生活的巨变。"西风东渐"的影响，中外移民的增多，洋纱洋装代替了土布旧装；百味杂陈的美食丰富了米线饵块单一的食谱；照相、电影、电灯、电话、电报、黄包车、铸币、机器制造、西药加工等等，使昆明的城市近代化并不落后于内地。自辟商埠，创设"劝业场"，更平添了昆明人捍卫民族利益、抵御外国资本入侵的一份特有的倔强。

传统行业　兴衰沉浮

清末以前的昆明，是一个城乡人口不足二十万人，只有手工业生产的传统农业社会形态的小城。当时城内外的"三百六十行"，很多已有几百年甚至上千年的历史。而在清末那个"三千年未有之大变局"中，许多行业迅速衰落，甚至消亡，也有许多新的行业应运而生。

先说说与民生息息相关的衣、食、住、行四大行业。

清末昆明士农工商的衣着，多数人普遍着土布织成的布衣、布鞋。男子长衫短衣（对襟布纽）小帽，有节庆活动加绸缎马褂。女子普通人家着布制大襟短裤，有钱人家穿百褶裙加花边，装饰多为银器、玉器、藤手镯。民国以后才用镀金和金器。当时的玉溪街（后来的顺城街东段）及南正街等处，多有店铺售卖来自玉溪、通海、河西、晋宁等地的"小布"（土布）。玉溪街上，布业公会还集资建立了"孚佑宫"（又称"吕祖庵"），作为会所。后来，布业公

昆明古代交通图

会在此创建了"布新小学"。1910 年滇越铁路通车后，洋纱洋布源源而来，十数年后，把"土布"逐渐取代。布店以外，还有许多绸缎铺、皮草铺、鞋帽铺、新号铺（售卖丝绵毛织品制成的衣物，及装饰品并兼售羽毛、哔叽、小泥、洋布等料）。福照街（今五一路）还有多家经营旧衣服的"估衣铺"，西院街（如安街）的空坝中，还有不少卖"旧衣烂衫"的地摊。南门外护城河上有一座"凤凰桥"，两边十多间铺面，专售"梳篦、绒花、烧料珠子、簪子、戒指、丝织绵织的褶裤带、线织的各种带子，都是为城乡妇女们所需用者"。

当时人们的衣帽靴袜，很多是靠家中女眷的"女红"。也有专门的裁缝铺，但裁缝们多依赖"老主雇"，靠客户送活计上门或请到家中做活。其中，包括设在钱局街，专门收容安置贫苦孀妇的"敬节堂"中的妇女，其中多有靠做"针线活"度日的。

那时昆明的饮食行业，论小吃有专卖豆浆、包子、油条、饼子、粑粑、凉糕、重阳糕等的"甜浆馆""锅盔铺""大饼店"。有卖米线、面条、馄饨等的"饺面馆""豆花米线馆""羊肉馆"，也有已经传入昆明的"过桥米线馆"。寻常饭馆多有卖昆明或云南风味家常菜的炒菜馆子（也称"红锅馆子"），还出现了制卖燕菜烧烤席、鱼翅全席、海参全席的"大酒席馆"。粤菜、江淮菜（昆明人统称"下江"）、京鲁菜的少数外地风味馆。滇越铁路通车前后，出现了卖"西洋大餐"的西餐馆。

当时昆明的糕点已有 70 多个品种，最著名的糕点铺有在三转弯（如安街）的"合香楼"和马市口的"吉庆祥"，南正街的兄弟家族企业"永香斋"和"允香斋"，初以糕点、蜜饯、桃干等出名。后来"允香斋"生产的玫瑰大头菜异军突起，在 1911 年巴拿马国际博览会上获奖，成为云南咸菜的头号代表，流传至今。饮食业中还有一个重要的分支是在街头

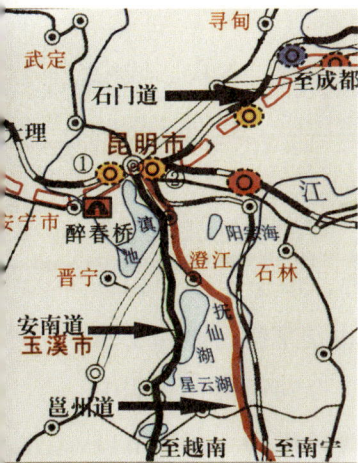

昆明吉庆祥

摆摊设点或提篮挑担，走街串巷，吆喝叫卖的小贩。入夜，城内城外的大街小巷，不时能听到敲着梆子的"饺当当"，还有"甜白酒……甜白酒"的悠扬嗓音。

旧时昆明，茶铺遍布城乡。那时的茶铺，有的"打围鼓"清唱滇戏、花灯，有的还兼卖炒菜、包子、点心、瓜子、松子和花生，是大众休闲娱乐的主要场所。有些茶铺，也是某些行业候工和集会议事的"会所"。如开设在昆明县衙门前（今圆通街"一职中专"）的茶馆，来吃茶的，多半是来打官司、等传讯的。在马市口

昆明"一颗印"民居

至南正街之间的茶铺"四合园"，早上来吃茶的，多是"大索行"（抬棺材的）中人；中午晚上，则是被称为"卷经会"的文人。"卷经会"由绅士文人组成，平时相与往来，联络感情。"大比之年"设法凑钱帮助贫寒士子上京赶考。这些茶馆开得早关得晚，有久坐不走的两个茶客，被人称为"金半夜"和"姚天亮"。

晚清昆明城乡，房屋大多为平房，也有相当一些两层楼房。乡村中的贫苦农民，多是住土坯（昆明人称"土墼"）茅屋。城乡中等人家，则多住三间两耳平房小院，或称为"一颗印""三间两耳倒八尺"的两层楼房小院。地面除石脚、石阶用石料外，简陋的是土地，讲究的用石灰、桐油加瓷粉的"三合土"，楼上楼下都铺木楼板、木地板的，算是豪华装修。而一些大户官家，也不乏居住"走马转角楼"式的"四合五天井""六合同春"的豪宅大院。至于街市上的铺面，多有半截土墙开四扁窗板或四开门、六开门的平房铺面。某些繁华闹

市，则多有土木或砖木结构的两层铺面。街面大多为铺石块的"碎石马路"，繁华大街则铺整齐的长方条石。昆明郊区，有不少的瓦窑、砖窑，也有不少的"拓土基"的苦力。宣统年间，昆明城内，有砖瓦铺、石灰铺、石匠铺、石膏铺，有专卖梁柱、楼板的直木行，还有木工铺380多间、泥木匠店130多间。

晚清昆明人出行，大多靠脚走。宣统年间，昆明有轿铺140多间。"麻乡约大帮信轿行"等轿铺为普通民众提供小轿、滑竿。城乡也有从事独轮车（鸡公车）、乘马骑驴生意的。1906年以后，有

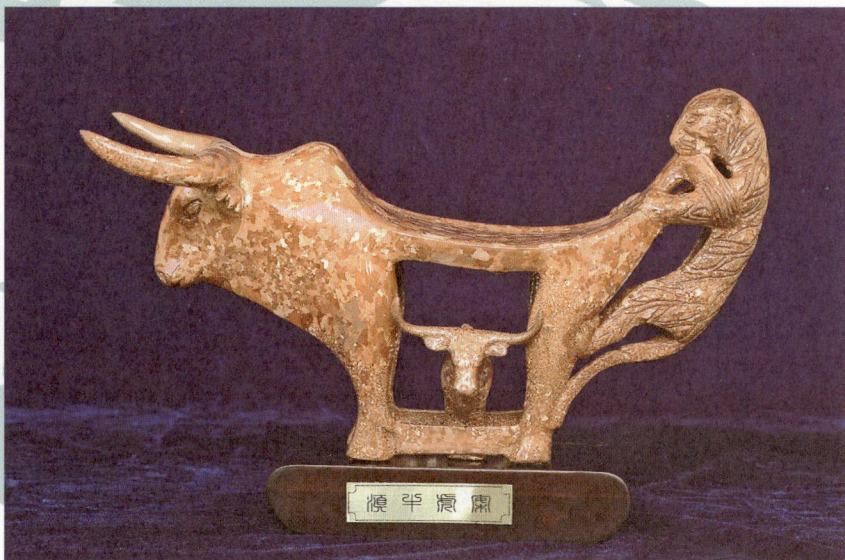

人引进了日本的黄包车（东洋车、人力车），从此成为市民的主要交通工具。在二十世纪三四十年代，昆明的黄包车，常年的保有量达 1300 多辆。

清末昆明的许多行业，有的后来还辗转存在，很多则仅存在记忆中了，也有的后来又跻身"非物质文化遗产保护项目"。如以染朱红布为主，兼染茶红、玉绿、春花等布匹的"红花染房"；以土靛蜡染、扎染青蓝布的"靛染房"；制造茶炊、煮锅、炊锅、面盆的"红铜器铺"；专卖铜灯、铜蜡台、铜供座、铜香炉和磬、锣、镲、钵、唢呐筒的"黄铜器铺"；专卖帐钩、脸盆、手炉、水烟袋、笔架、笔套及镇纸等的"白铜器铺"；以"乌铜走银"工艺，斑铜工艺专制乌铜墨盒、乌铜、斑铜工艺品和用具的"乌铜器铺""斑铜器铺"，还有"金箔铺""锡匠铺""铁匠铺""玉器铺""车玉铺""雕玉行""象牙行""雕牙行""匾对铺""细花木匠铺""箱板铺""笔墨庄""土纸行""骑鞍铺""驮鞍铺"等等。南正街一带，还有一种"煎销铺"，是将市面上流通的散碎白银进行熔铸的特种行业。因为资本较大，多兼营存放款业务。随着白银退出市场，这个老旧的金融行当也永远消失了。

斑铜工艺品

❶ 大观街、庆丰街口的老字号牛菜馆

❷ 昆明的茅草屋

滇越铁路开通，清朝灭亡，民国建立，昆明城乡民众的生活方式和生产方式也发生了空前的变革。

西风东渐 工业萌生

"清晨，我被（云南）机器局的汽笛声叫醒。在这边远的中国内地城市听到这种声音是令人惊异的……"这是光绪二十年（1894 年），一位叫莫里逊的英国人在他的《中国风情》中记下他对"云南府"（今昆明市）的初始印象。他所说的云南机器局，就在翠湖西边的钱局街。

云南机器局的前身是"军火局"，创办于同治十三年（1871 年），创办人是时任云贵总督刘长佑及云南巡抚岑毓英。地点最初在"三圣宫"（今武成小学），主要生产火炮。有近百名工人，聘请法国人担任技师。至光绪十二年（1886 年），时任云贵总督岑毓英又主持改扩建，利用钱局街原铸造钱币的"宝云钱局"的"隙地"，增盖厂房，正式建成云南机器局。这是云南历史上第一个开启近代机器生产的企业。从这个意义

武成路的两层铺面

上，五华区这块土地，称得上是云南近代工业的发祥地。以后二十多年间，在云南机器局周边，陆续建立了火药局、云南造币厂、陆军制革厂、印刷局等官办企业。宣统元年（1909年），当局创办昆明幼孩工厂，收容流浪儿童，生产帽鞋、布匹、线带等。

光绪十二年（1886年）在东门内迎恩街（今报国街附近）创建云贵电报总局。光绪二十七年（1901年）开办云南邮务管理局于翊灵寺矿神庙（今人民中路兴华街），继改设于兴隆街（今五一路东侧）公房。滇越铁路通车前后，又迁至靠近火车站的德胜桥附近。光绪三十二年（1906年）六月，昆明开始使用电话，其总机设在电报局内。最早的

❶ 农村老人的服饰

❷ 穿对襟疙瘩纽扣短衣的老人

电话交换机

电话用户是总督、布政使、按察使、提学使、云南府、昆明县等省、府、县衙门，以及督练处、滇司令部、陆军警察营等军事指挥机关。首批"放号"约三十部。至宣统二年（1910年），开始安装商用电话，共有政、警、商用户100户。

宣统二年（1910年）正月，官商合办的耀龙电灯公司成立，其投资建设的中国第一个水力发电站设在螳螂川上的石龙

坝，公司总部在五华山西侧的升平坡（今华山西路利昆巷），变电站的机房在小西门内水塘子（今富春街与原东风大楼附近）。1912 年 7 月初，石龙坝水电站正式发电供电，"夜间在该公司安置各种电球（当时对灯泡的称呼），试引放演，任人参观，以广招徕。又于'三牌坊'设大（电）球一，然不甚明了"。神奇的电球不仅使昆明市市民兴奋轰动，连四川叙府都派人来昆，拟将耀龙公司的德国工程师麦华德"挖"走。

昆明的商办企业，是光绪三十年（1904年）开始发展起来的。方公辅、刘万宜创

❶ 自来水厂泵房旧址
❷ 自来水历史博物馆

石龙坝水电站：中国第一座水电站

办"开成玻璃公司"，生产玻片、玻瓦，这是云南第一家商办工业企业。以后数年，昆明先后出现火柴、面粉、玻璃、香烟、铁门（栏杆）、西药加工、化工、皮货、茶庄、火腿罐头等的商办企业11种。其中的好多家就诞生在今五华区内，如在盐道街（后称万钟街，今景星街西口附近）开设的云兴火柴公司；在东院街（今光华街）开设的云南首家卷烟企业"天森茂纸烟公司"；在东院街广福安洋广杂货商号内开设的西药加工厂；在大兴街十四号开设的广同昌钢铁机器公司；在东院街二号开设的华盛店，专制皮靴鞋及皮包等；在文庙街开设的制茶企业云霁茶庄；在毡子街（今南华街）"赁屋交易"，从事"滇产红铜及滇蜀白铅"，发往香港、海防、新加坡、南洋群岛等"外国各埠沽销"的兴隆合资有限公司。

1909年，还有昆明耆民窦再安等人，集资股本白银1200两，成立公正森林股份有限公司，在小西门外篆塘两岸沿堤种植虫蜡桑、竹、松、桐、厥等树木。

1915 年，王鸿图、华封祝、黄毓成和罗佩金等人，以"谋求都市人民之健康，及社会之消防安全"，"注重饮料、裨益卫生、便利人民"，招商集股20余万余元，成立云南自来水股份有限公司。该公司利用翠湖九龙池的地下水源装机设厂。1918 年 5 月，自来水厂建成投产送水，昆明成为全国各城市中较早使用自来水的城市，比之西南地区的成都、重庆、贵阳、桂林和南宁等城市，要早数年甚至十数年。历时百年的翠湖九龙池自来水的取水泵房还在，已经设为"昆明自来水历史博物馆"。

自辟商埠 劝业兴市

光绪三十一年（1905 年）三月，滇越铁路的修建已逼近昆明。为了避免被外国列强逼迫开埠通商，丧失更多自主权益，陈荣昌、罗瑞图及王鸿图等有识之士，上书云贵总督丁振铎，要求政府以德胜桥一带为中心，划定周边区域，自行"开设商埠，以扩利权"，允许外国人租借土地居住和经商。经丁振铎向朝

商埠界址碑

滇越铁路

《补碗》青铜雕塑

廷奏准，云南成立商埠清查局，准备各种"开埠"事务。第二年初，明确划定商埠区域。总督署又派员赴湘、鲁考察，参观学习。并由商埠清查局开始登记埠内房地产，经理租赁房地、购地收租等事务。

宣统元年（1909年）十一月，滇越铁路通车在即，新任云贵总督李经羲认为"火车开行，商货辐辏"，于是加紧筹议有关辟建商埠事项。宣统二年（1910年）初，商埠清查局正式改名为"商埠总局"。布政使沈秉堃、交涉使世增等制定了《云南省城南关商埠总章》，总章一共八条，开宗名义，即申明"本埠系自行开放……埠内一切事权，均由中国、并由本埠自设商埠总局专理其事"。明确商埠范围是"东起重关（今拓东路岔街一带），西抵三级桥（即三节桥，今鸡鸣桥与靖国桥之间），南起双龙桥，北抵东门外桃源街口"。该商埠勘定的总面积"东西长三里六分，南北长三里五分，周围约十二里有奇"。规定，"本埠一切章程规则，凡埠内之内外国人，均须一律遵守"。"本埠内邮政、电报及关于交通、卫生、行政事宜，应由中国国家或公共团体兴办，外国人概不得享此权"。"凡因本埠公益应征之通常或临时各捐，埠内外国人均有负担之义务"。

宣统二年（1910年）三月三十一日，滇越铁路通车典礼隆重举行。李经羲等地方要员应邀冠冕出席。轰隆隆的铁甲巨兽挟风怵电开进了云南省城商埠，也开进了古老而封闭的云南府，一个新的时代开始了。

商埠内外，火车站周边，筑路扩街，建房开铺，陆续出现大量法式建筑，本来就热闹的云津市场一带，更趋繁华时尚。整修扩建的广聚街、敦义街（后又称

金马、碧鸡大街），宽整平直。从 1900—1924 年，外国资本在其间设立银行 2 家、储蓄会 2 家、保险公司 1 家、西药房 1 家、洋行 13 家。其中，法商 13 家、日商 2 家、希腊商 3 家、英商 1 家。之后发展至 30 余家。他们经营机器、布匹、洋纱、西药、山货、毛呢、食品、百货，还办理大锡押汇、储蓄、汇款甚至军火武器。昆明最早的人力车公司，从 1909 年开始，被批准在"南门外商埠至聚奎楼（今拓东路状元楼）马路行用"。许多投资商判定商埠内外地价必然看涨，昆明南城商埠内外，一度掀起争购地产的热潮。

这段昆明自辟商埠、自我开放的历史如今已经过去一百多年，在五华区境内的金牛街北口盘龙江畔，还留存着一块先后被列为区、市级文物保护单位的"商埠界址碑"，其碑文曰："商埠界址，南、北界自溥润桥起，双龙桥止。计长 620 丈，约 3 里许。光绪三十二年三月吉旦。"

"重九起义"，清朝覆亡，民国肇始，当时的昆明气象又

火车总站外景

昆明云津市场

为之一新。新政权正风纪，节财用，兴实业，办教育，改风俗，整市容，显得振作有为。其中，民国元年（1912年）3月开始酝酿筹划的"会垣城隍庙、尽忠寺改更实业场一案"，就是一项引人注目的新政。

今人民中路五华区行政中心大楼西侧，民国以前是昆明的城隍庙，所供城隍老爷是明代著名忠臣于谦，其庙门在今人民路与五一路北口，整个庙宇占地宽阔，建筑恢宏，有戏台、配殿等。两侧供奉"三十六司"的回廊，联通大门与后院。每年城隍要出府"巡城"三次，巡游时全城恭迎，万人空巷。平时城隍庙内香客游人众多，回廊两边有很多卖小吃、香火、杂物的摊点小贩，前后院还有一帮算命看相、占卜卖卦的方士游民。庙后是尽忠寺，这是建于清初祭祀阵亡将士的祠庙。民国建立，新政权发起"破除迷信，提倡

昆明大观街

实业"活动，捣毁了城隍庙内两廊等处的神像，并计划在城隍庙及尽忠寺的范围内，建设一个规模宏大的商场。由于当局后来又决定保留大殿等处古迹，改建"于公祠"，缩减规划，仅仅将庙内两廊改建成外形新颖、式样相同的 100 多间的两层有楼铺房，商场命名为劝业场。当局还试图将劝业场办成全省的"模范商场"。

工程于 1913 年底正式动工，由于资金缺乏等原因，直至 1915 年 5 月商场还未竣工。但这个云南省的第一个新式商场早已受到商家的青睐追捧。有多人迫不及待地交钱预订承租，有的甚至在尚未完全竣工的商场内抢先开起餐馆、杂货铺。至 1917 年 5 月，劝业场工程宣告完全竣工。

因为云南从护国之役后连年用兵，财政支绌，民生凋敝。

①

劝业场的经营未能达到预期目的，城隍庙的香火祭祀活动又重新旺盛起来。一家名叫"明通"的公司在此放映电影，劝业场前后街曾经一度出现"红男绿女，几致塞途"的热闹景象。1934年以后，城隍庙改造成为大众电影院。市政当局先后在劝业场举办过商品陈列所及实业改进会阅书报社、公共讲演场、拍卖场、市立各小学中央工艺教场、职业介绍所及职业学校等。抗日战争开始，昆明人口激增，劝业场的生意也日益兴隆。各类饭店馆子茶室，百

货杂货药店等等，鳞次栉比。其中，有以都督烧卖、荠菜饺等著名的"燕鸿居"；以气锅鸡著名的"培养正气"；以宜良宝洪茶著名的"十里香茶室"；以及以北方菜系饺子锅贴著名的"福东饭店"。尽忠寺则改为纪念辛亥英烈黄毓英的"黄公祠"，大众电影院旁的"黄公东街""黄公西街"及"铁局巷"等，成为热闹非常的"菜街子"。

民国初年到抗战开始，特别是1928年昆明正式设市以后，昆明先后完成大、小南门和小西门等旧城改造和南校场、云津市场的兴建，环城公路以及市区内正义路、武成路、绥靖路（即后来的长春路）、华山东路、西路、南路、金碧路、护国路、威远街、太和街、宝善街、大观街等主要街道的改造和命名。1930年至1932年，近日楼外至护国路一段，拆除城墙，填平护城河，始建"新市场"，后来命名为南屏街。抗日战争中，南屏街成为多家银行、钱庄、金融机构、公司及高档商店的云集地。

❶ 南屏街

❷ 华山西路

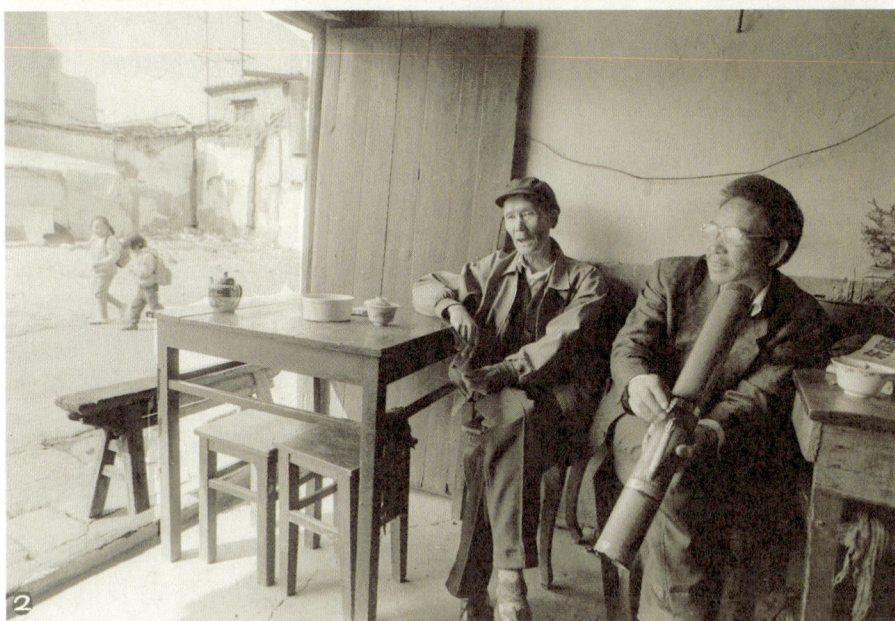

外地入滇的著名建筑师、设计师和"陆根记"等著名企业为南屏街精心构建，使其和与之联通的晓东街、祥云街，成为昆明最繁华、最时尚的街区。昆明的各主要街道都铺上了正方形石块，人行道则多为"三合土"，南屏街还成为云南省最早使用沥青的城区街道。

❶金碧路

❷长春路如意巷茶室

近代交通　留踪五华

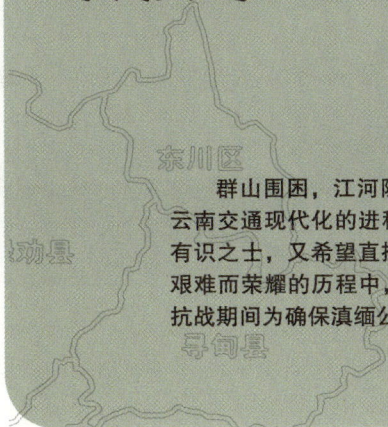

群山围困，江河阻隔，云南自古以来交通非常落后。滇越铁路，首先开启了云南交通现代化的进程。有鉴于云南陆路难通、地不临海的特殊环境，唐继尧等有识之士，又希望直接发展航空事业，尽快缩短昆明与外部世界的距离。在这一艰难而荣耀的历程中，从航空事业的蹒跚起步，到汽车运输的由慢到快，尤其是抗战期间为确保滇缅公路的"血脉"畅通，"五华"，也从未缺席！

翠湖眠山　航空鸿影

1910 年开通的滇越铁路，开启了云南交通的近现代化。1922 年春，主政云南的唐继尧，有感于第一次世界大战中空军的威力，未来的战争将是"立体战争"，决心兴办空军。1922 秋，云南航空处成立，地点在翠湖西边的云南陆军讲武堂内。担任处长的是美国归侨刘沛泉，下辖第一、二两个航空队。同时，唐继尧也在云南讲武堂内组建了云南航空学校，由刘沛泉兼任校长，第一航空队队长王狄仙兼任教育长，军事课程由讲武堂各科教官兼任。

1922 年冬，云南航空学校在昆明、贵阳两地招收第一期学员。12 月 25 日航校正式开学，共有 30 名学员。其中的两名女学员，也许是中国最早学习飞机驾驶的女学员。1923 年 4 月，唐继尧出于对朝鲜独立运动的同情和支持，又批准朝鲜籍李英茂、张志日、李春、权基玉（女）等 4 人入学，至

此，第一批飞行学员共 34 人。当时规定，航校学员入学后要在讲武堂接受半年军事训练，并且毕业时获得的也是讲武堂的毕业证。

从翠湖边云南航空学校走出的第一届毕业生最终只有 12 人。但是，其中的张有谷、陈栖霞、晏玉琮、张汝汉等，也包括后来云南航空学校的多届毕业生，几乎都成为民国空军的骨干力量。如张有谷，在北伐、中原大战、抗日战争中，屡建战功。担任过中央空军军官学校教育长等要职。西安事变期间，曾奉命驾机到延安接送周恩来等中共代表。1949 年 12 月 9 日，时任云南防空司令部副司令的张有谷率部参加云南起义，任昆明机场司令。以后历任解放军牡丹江第七航空学校副校长、陕西省林业厅副厅长及全国政协委员等职。

来自朝鲜的李英茂，后来长期在中国空军效力，参加了抗日战争。1945 年以后，她参与创办韩国空军并任韩国空军副司令兼参谋长；第一期毕业生中唯一的女生权基玉，以后也在中国空军中服役，抗日战争后回韩国参加了空军的创办，被称为"韩国空军祖母"。

抗日战争爆发以后，航空委员会第一飞机制造厂于 1940 年从广东韶关内迁至昆明西郊眠山后边的昭宗（今属五华区黑林铺街道办事处）。在物资匮乏、空袭频仍、设施落后的艰苦条件下，该厂创造了中国航空工业的多项辉煌业绩，先后向军队提供新复兴甲式

云南航空学校停在昆明巫家坝机场的法国教练机

双翼轻型飞机 22 架，仿制苏联 E15 式双翼驱逐机 30 架。其装配成功的 6 架美式 AT6 式高级教练机，上升速度 5 分钟可达 2 万英尺，低空飞行可以距地面很低很低，翻飞灵活。两翼可各携带 50 磅重炸弹 3 枚。机头机翼各有一挺机枪，可先轰炸再作战，能够充当较为先进的战斗机。1941 年，在厂长朱家仁的亲自率领下，技术人员日夜奋战，设计、实验，制造出名为"蜂鸟号"的单发动轴反旋转翼直升机 2 架。同时，还修理了一批战斗机和轰炸机，并开始研制刚出现不久的 XP—1 型前掠翼战斗机。这种战斗机是机翼向前的前掠翼飞机，升力增大，安全系数较高。该厂还先后培训技术人员 200 多名，为中国航空工业输送了一批人才。

1938 年 7 月 29 日，驻足昆明的西南联大在工学院添设全国首个"航空工程系"。1938 年招收的第一届学生，曾前往第一飞机制造厂实习。在极其艰苦的条件下，航空工程系的师生们在位于昆明北郊白龙潭的研究所内，建成了航空风洞实验设备，在当时处于国内领先地位。1943 年美国专家前来参观，认为该风洞实验设备与美国高校研究所不相上下。该系还先后为航空委员会及其所属的两个飞机制造厂设计了数种飞机模型。

1944 年，熊庆来校长在云南大学工学院创办航空工程学

云南航空学校开学典礼

系，以适应航空技术人才之急需。熊庆来热诚邀请留法航空工程师王绍曾担任云大航空工程学系教授兼系主任。具有丰富工作经验和优异技术水平的第十飞机修理厂总工程师、中共地下党党员郭佩珊也先后兼任和专任该系副教授、教授。1951 年，全国大专院校进行大规模的院系调整，云大航空系并入北京航空学院（今北京航空航天大学）。当时，云南大学航空系已经培养了四届毕业生，是国内师资阵容整齐，教学设备先进的航空专业教学单位。

汽车运输　于兹起步

　　1925 年 10 月 10 日，昆明小西门外的西安马路（今云大医院对面）张灯结彩，搭起彩门席棚，摆好桌椅，备有茶点。中午时分，300 余名衣冠整齐的官员、军人和士绅陆续入座。云南交通史上一

个划时代的时刻到来：云南第一批 6 辆汽车在云南第一条汽车公路上正式启动，载客行驰，云南从此进入汽车时代。

民国以后，云南当局即致力于发展交通，修建道路。1925年 10 月，滇西公路的第一段，昆明小西门至碧鸡关段终于竣工。该路从西安马路口至三分寺（后来的昆明西站）长 1.5 公里，三分寺至碧鸡关长 14.9 公里，途经黄土坡、黑林铺、眠山、普坪村、车家壁、高峣转到碧鸡关。路面只有 8 米。

修路的同时，云南省交通司向美国福特公司买到载重一吨半的货车底盘 4 架，到昆明自己装配车厢。因缺乏五金配件，加之拼装人员大多没见过汽车，这四辆拼装的汽车，外形极像精致豪华的木制马车。当时把云南视为自己势力范围的法国人，对云南当局买美国汽车很不高兴，云南当局只好又向法国订购 2 辆"恒诺"牌轿车，作为唐继尧的座驾。"侍候"汽车的有随"恒诺"轿车请来的越南籍驾驶员 2 人、修理工 1 人，还有由航空队派来的飞行员张汝汉、李嘉明、李荣发，机械师刘从仁等，充当福特车驾驶员，并在附近的大观街租用停车间和修理间，并将该处定名为"云南省公路处昆明汽车西站"。

中午 1 时，吉时已到，行礼如仪，参加典礼的嘉宾们分批乘汽车"开洋荤"，乘车到碧鸡关后再返回。据说因道路欠平整，加之又晕车，唐联帅到达碧鸡关后不肯再乘汽车，改乘平日所乘八抬大轿，踌躇返回。通车典礼结束，交通司设晚宴招待来宾。

尽管跌跌撞撞，云南的公路汽车运输大业由此驶出了最初的一程。从 1932 年 2 月至 1933 年 6 月，昆明市市长熊从周主持的昆明环城马路（公路）大部完成；1935 年 12 月，411.6 公里的省道滇西公路通达下关。1937 年 4 月 29 日，昆明至贵阳转至南京的公路全线贯通，国民政府派出"京滇公路周览团"到达昆明。然而，距此时不到 70 天，抗日战争即全面爆发。

当时的云南当局，对修筑公路，发展交通堪称"高度重视"。
1928 年 12 月，成立"云南全省公路总局"，由省政府主席兼任督
办。与修公路有关的各县成立公路分局，县长兼任分局长。同月，
又成立"云南省公路经费委员会"。1929 年、1935 年和 1937 年，
云南省政府先后颁布和修订《云南省建筑公路实施义务工作办法》
和《云南省征用义务工役大纲》，明确规定"人民凡在本地居住二
年以上，年龄 18 岁至 40 岁之男丁"，"服务工役，每季节每人定
为 7 日，中等以上学校学生及公务人员及所有学校教职员定为 10
日（后修正为 5 日）"。并规定每年 11 月 1 日起至次年 3 月底为"人

民劳动服务季节"。还曾经通令，"此后公路着各县县长负责督修。各县长能依限完工者，给予嘉奖、记功、调升等奖励；逾期不完者，给予记过、罚薪、撤职留办等处分"。 1935年4月，第二次成立"云南全省公路总局"于翠湖南边"黄公祠"（前实业厅地址，即原尽忠寺）内，省政府主席再次兼任督办。1935年2月15日，"省会公务人员义务工役"开工典礼在昆明小东门外穿心鼓楼举行。这两处都在今天的五华区及其周围。

烽火岁月 交通命脉

在抗日战争时期，由于独特的地理区位，昆明成为世界反法西斯战争中缅战区的战略交通枢纽中心。今天的五华区内，还留下了当年烽火征程的诸多历史遗迹。

1937年10月，滇缅公路紧急开工。1938年8月，省公路局从缅甸新购卡车3辆自缅甸腊戍直驶昆明。9月2日，《云南日报》报道"滇缅路工竣通车"，从昆明三分寺到达滇缅边境的畹町再达缅甸腊戍的滇缅公路，被誉为"血肉筑成的民族生命线"，在中华民族生死存亡的关键时刻，成为我国西南唯一的国际交通线，为世界反法西斯战争做出了巨大的贡献，在我国的交通运输史上占有特殊重要的地位。

为适应滇缅公路开通的新格局，原来在西安马路口的昆明汽车西站于1938年搬迁到三分寺。往

滇缅公路

后几十年间，这里一直是进出滇缅、滇西的昆明西大门。出西站，沿滇缅公路的黄土坡、黑林铺、马街、石嘴、普坪村直至碧鸡关乃至安宁、草铺一线，很快出现了大大小小的汽车修理厂、修车铺、加油站、工务段、管理站和材料库。银行、商店、邮局、餐馆、旅社和摊贩也应运而生，热闹非凡。黑林铺、马街和安宁，接纳和新建了一大批军用和民用企业，成为昆明新兴的重要工业区。2004 年和 2005 年，为了纪念滇缅公路的伟大历史功勋，昆明市先后在滇缅公路旁的眠山口和昆明西站，树立"滇缅公路纪念雕塑"和"滇缅公路零公里纪念碑"，让子孙后代永远铭记这段可歌可泣的岁月。

1938 年 9 月，军事委员会西南进出口物资运输总经理处（以下称西南运输处），从广州迁至昆明。西南运输处是抗日战争时期中国最大的国际运输机构，开辟办理由仰光及香港、越南海防等处运输军用物资至昆明又转运各地，并运输出口物资至仰光等处的业务。拥有汽车 3000 多辆，员工 20000 余人。行驶于滇、缅、黔、桂、川、康、湘、鄂、粤等国内外地区。

西南运输处总部设立于今五华区华山南路东侧的大绿水河。其办公室是租赁几间民居平房，另在空地上建起木结构两层楼房，可容 200 人办公。今五华区滇缅大道黑林铺段的云南汽车股份有限公司，其前身即为西南运输处昆明汽车修造总厂，1938 年 5 月建成。初建时期，所有车棚、库房、办公室以及食堂、宿舍等，

滇缅公路纪念碑

均系简单木质框架，上覆马口铁皮为顶，竹编泥糊为墙，十分简陋艰苦。该厂后来是西南地区最早成批生产汽车的制造厂之一，其发展演变过程见证了云南汽车修造业的历史。

在日寇疯狂的空袭轰炸中，云南地方汽车运输部门尽力承担市郊疏散运输任务。1940年10月1日，官商合办的昆明市郊公共汽车营业处成立，出动8辆汽车（以木炭车为主），反复行驶于昆明城区至海源寺、黑龙潭、小普吉、龙头村4线，方便市民疏散。1942年1月，因为滇缅公路输入大量进口新车，又开办了近日楼至车家壁至杨家村，近日楼至岗头村至龙头村，近日楼至海源寺三线防空疏散车。

汽车运输急剧增长，驾驶、维修等相关技术人员奇缺。1939年初，西南运输处成立"昆明运输人员训练所"，开展驾驶、维修人员培训。训练所旁边的胜因寺被辟作实习工场。从1939年至1943年，该训练所输出的驾驶、维修和运输管理人员等，超过7000人。1939年3月以后，还有来自泰国、越

行驶在昆明城里的老式公交车

南、新加坡、菲律宾、马来西亚、印度尼西亚的"南洋华侨机工服务团"3000多人，分9批先后进入该训练所，进行为期两个月的军事训练。以后，即集中编为华侨先锋第一大队和第二大队，投入到抢运战略物资的奋战之中。"运输人员训练所"培养的汽车运输生力军，特别是"南侨机工服务团"的海外赤子，在烽火弥漫的汽车运输战线，冒着轰炸扫射，顶着烈日暴雨，忍着饥寒疾病，艰苦卓绝，流血牺牲，为赢得抗日战争的胜利做出了不可磨灭的贡献。

"昆明运输人员训练所"旧址在当时的"昆华师范学校"，即后来昆师路的"昆明师专"（今昆明学院）。如今，当年的"联谊亭"等老建筑还幸存，理应得到妥善的保护和纪念。

抗日战争期间，美国空军在昆明建设基地，与空袭昆明等地的日机展开殊死搏斗。1942年5月以后，开辟了举世闻名的"驼峰航线"，成为二战期间规模最大、持续时间最长的战略空运航线。如

驼峰航线的飞机

驼峰飞行纪念碑

今，在五华区内滇缅大道 281 号原"昆华农校"教学楼内，1941 年 12 月至 1945 年 9 月期间，这里曾经是有 740 个床位及相应生活设施的美国空军招待所，先后接待了美国志愿航空队、美国驻华空军特遣队、第十四航空队及参加驼峰空运的部分人员。为纪念抗战时期航空史上这一壮举和中美两国人民的战斗情谊，缅怀先烈，1991 年 5 月，由政协云南省委员会主持，在今五华区内玉案山郊野公园内建立"驼峰飞行纪念碑"。

盘龙江油管桥

1945 年 1 月，滇西大反攻取得伟大的胜利，前边打仗后边修路的中印公路全线贯通。2 月 3 日中午，由 120 辆 10 轮大卡车及救护车、食品车和吉普车组成的车队，从中印公路南线到达昆明车家壁。2 月 4 日上午，这支驶向胜利的车队，从西站进入昆明。在举行盛大庆典之后，车队从环城西路转金碧路、拓东路驶出东站。在欢呼声中，远在重庆的蒋介石在广播演说中，提议将中印公路命名为"史迪威公路"，这就是"史迪威公路"的由来。

南、北线通车后，通过昆明的军车数量大为增多。滇缅公路的起点为昆明西站，滇黔公路的终点在昆明东站。两路的连接要经过昆明城内，交通十分拥堵。于是，军事委员会下辖工程委员会第八工程处，奉命紧急赶修从黄土坡西头经莲花池到小菜园与环城路相接的绕城公路。3 月 21 日，这条全长 9 公里，首次在昆明地区动用大规模机械化施工的公路神速建成。跨越盘龙江的则是一座临时性木桥。这条公路一直被称作"军用公路"，直到 1995 年，因为沿途多有学校，才被命名为"学府路"。1940 年 9 月，昆明西站至碧鸡关开始试铺沥青路面，这是云南第一段沥青公路路面。

1945 年 5 月，从印度加尔各答至昆明的中印输油管道开通，全长 3288 公里。5 月 31 日晚，在篆塘新村举行"中印油管通油联欢晚会"，以示庆祝。这条当时世界上最长的输油管道，至今在五华区境内也留有遗迹，这就是在环城北路旁盘龙江上的"油管桥"。

城乡沧桑　潮涨潮落

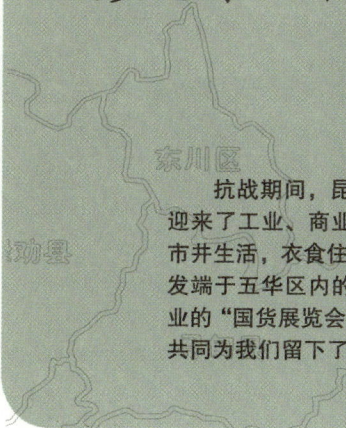

抗战期间，昆明作为重要的战略后方中心城市，发挥着不可替代的作用，也迎来了工业、商业和服务业发展的黄金时代。战时，以今天五华区为中心的昆明市井生活，衣食住行不失"时髦"，城乡集市热闹非凡；更有清朝迄于民国时期，发端于五华区内的老字号"福林堂"药行、"大道生"布业等；为振兴民族工商业的"国货展览会"；著名爱国体民的企业家缪云台、马筱春、女企业家刘淑清等，共同为我们留下了难忘的历史记忆。

抗日军兴　工商发展

抗日战争中，昆明作为重要的战略后方中心城市，发挥了极其重要而又无可替代的作用。抗战也推动了昆明各方面的建设和发展。1937年至1945年，成为昆明城市发展史上极其重要的阶段。

在中国工商企业的"敦刻尔克大撤退"中，国民政府资源委员会及云南地方当局先后在滇开办了一批大型工业企业，一批沿海和内地的民营企业迁入昆明，省外资金和技术源源不断流入，中央和省办的企事业机构大大增加。军工、矿产、煤炭、电工、机械、制造、炼钢、炼油、食品、纺织等各种门类的工矿企业迅速建成。至1940年，昆明地区主要工厂企业已达80个，仅次于重庆和川中地区，位居西南第三位。

清朝末年，昆明城内外居民总数有95235人；至1936年春，共有人口142519人；1946年达到293961人。1912年，在昆明居住的外国人有87人，至1935年有323人；抗战期间，

仅驻呈贡的美国军事人员就达1万余名。人口的激增，经济的发展，使昆明的商业贸易空前繁荣。战前，昆明有商号2000余家，1945年8月，经政府登记领取执照的商号增至10000多家。而未登记领取执照者，则超过20000家。

1944年3月由"中国旅行社"印行的《昆明导游》，直观地记录了当年的昆明。我们可以从中感受到当时昆明的繁荣和热闹。不妨先看看当时的衣、食、住、行：

> 昆明市民的衣着，以前是相当朴素的，抗战以后，港沪仕女云集昆明，耳濡目染既久，一般人多讲究时髦，西装革履真是充斥街衢！可是另一方面，在这些时髦人群之间，我们又看到大批所谓"鹑衣百结"的穷汉，他们大多来自外省，为生活逼迫，他们添制不起新衣……市面为了适应这两种人的需求，于是玲珑精致的商店与收旧衣的拍卖行，都如雨后春笋，一天多似一天了。

> 口福，对于一般来到昆明的人不能说没有的，因为无论哪一地的口味，都可以尝得到了。在这儿，本地风光的滇味不必说，川、湘、蜀、闽、粤、苏、沪、

大观街上的庆丰煮品店

昆明的自行车

平、津等地的菜肴，哪样没有？并且世界性的英法大菜也有得吃。原因是汇集在昆明的中外人士的国籍籍贯太复杂了。

　　昆明人口拥挤，在敌机的滥炸下，房屋被摧毁的极多，因此寻觅住房，在昆明是一个很大的问题。……至于旅馆方面情形，大致相同，也是人多屋少。例如"商务酒店""云南招待所""云南服务社"，都常常人满之患，须预先请友朋代订，才不至于落空。

　　市区交通工具有马、自行车、人力车、胶轮马车和公共汽车五种。雇马从前多在护国门，租价颇高……自行车的租价每小时20元至30元不等。人力车在昆明最为发达，至于车费，市政府虽有明文规定，仍须先行议定，大概每乘经一街或一路，约费10元或20元不等。胶轮马车为装有汽车轮胎之货运板车改成，抗战以后，始行流通，最近甚为发达，车费也较其他交通工具为低，故市郊来往，市民多乘马车代步。（例如金碧路、鸡鸣桥至小西门，马车

昆明的人力车

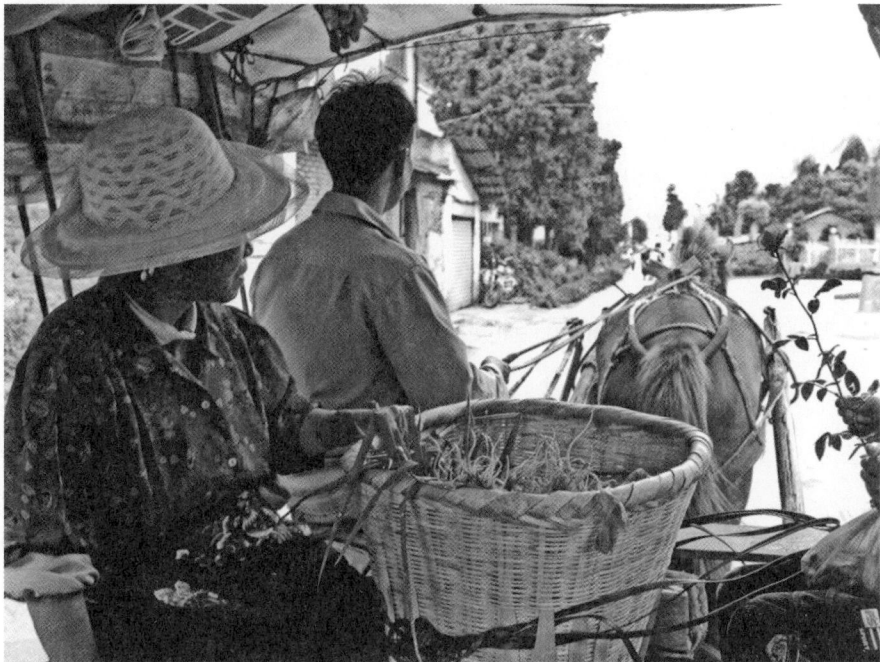

费每客仅需 20 元。）……此外尚有公共汽车，总起点在近日楼。

饶有意思的是，当时还有成系统的滇池水运线路，乘客从篆塘出发可乘四种木帆船：A. 小拨船，在大观楼附近行驶，开船时间不定；B. 小篷船，在观音山晖湾一带行驶，开船时间不定；C. 大篷船，在晋宁海口一带行驶，开船时间不定；D. 大船，在昆明至昆阳一带行驶，开船时间约在下午五六点钟，至次日上午九十时抵昆阳。而运行多年的轮船当时却已停驶。

我们再摘录该书记录的一些店铺的名号、地址、经营特色等，以便更深入地展示当年五华区内市井百业的繁华景象：

服装、帽鞋：上海青年服装公司（护国路）、上海国泰服装公司（南屏街）、南京瑛记服装公司（护国路）、德茂衣庄（南屏街）、永安服装店（威远街）、昆明服装公司（福照街）、台山服装店（武成路）、华华时装店（庆云街）、云南制革厂营业处（华山南路）、金华皮件厂（绥靖路）、上海民生皮件厂（绥靖路）、复兴帽店（正义路）、华盛斋帽号（光华街）、美升布鞋店（华山南路）……

拍卖、旧货：普利拍卖行（宝善街）、时代拍卖行（晓东街）、昆仑拍卖行（近日楼旁）、昆明拍卖行（正义路）、义兴祥旧货店（福照街）、遮雨庐旧货店（光华街）……

滇味食馆：海棠春（设于城南万钟街临安会馆原址，即今景星街西口附近）、共和春、东月楼（绥靖路）、义和园（景兴街）、兴宝园（甬道街）、鼎新园（"老岳家蒸肉"，绥靖路）……

过桥米线：仁和园、德鑫园……

清真餐厅：兴仁园、映江楼、两益轩……

北京风味为代表的北方食馆：福顺居（晓东街）、东来顺（祥云街口）、厚德福（同仁街）、同福居（正义路）、鸿兴楼（绥靖路）等。

川菜：蜀光（光华街）、老乡亲（护国路）。

沪苏口味：江南春、老正兴（金碧路）；淮扬菜：大利春（宝善街）、乐乡镇（护国路）。

粤味：岭南楼、冠生园、大三元（金碧路）、大兴馆（护国路）、乐园、广东饭馆（同仁街）。

闽味：华侨酒家（威远街）、榕园（护国路）。

湘味：曲园（同仁街）以及多家湖南面馆。

越侨所开南来盛、南丰、荣利（金碧路）。

西餐：商务酒店、西风、南屏。

咖啡店这种"摩登事物"也多有出现：晓东街"南屏咖啡室""西风咖啡室""华达咖啡室"、正义路"长城咖啡室"、华山南路"上海咖啡室"……

旅社、招待所：金马旅社（正义路）、爱国大旅社（同仁街）、东陆大旅社（景星街）、长春大旅社（宝善街）、大华大饭店（正

东寺街的店铺

义路）、上海旅社（南通街）、翠湖招待所（翠湖南路）、云南服务社（华
山南路）、良友新旅社（文明街）、中和旅社（武成路中和巷）……

由于民居、招待所和宾馆，极少有"卫生间"。故昆明市区内，各类
"洗澡堂""浴室"至少有几十家。著名的有宝善街"顺鑫沐浴室"、同仁街
"温泉浴室"、正义路"华丰浴室"、武成路"江苏浴室"、华山南路"云南

昆明同仁街

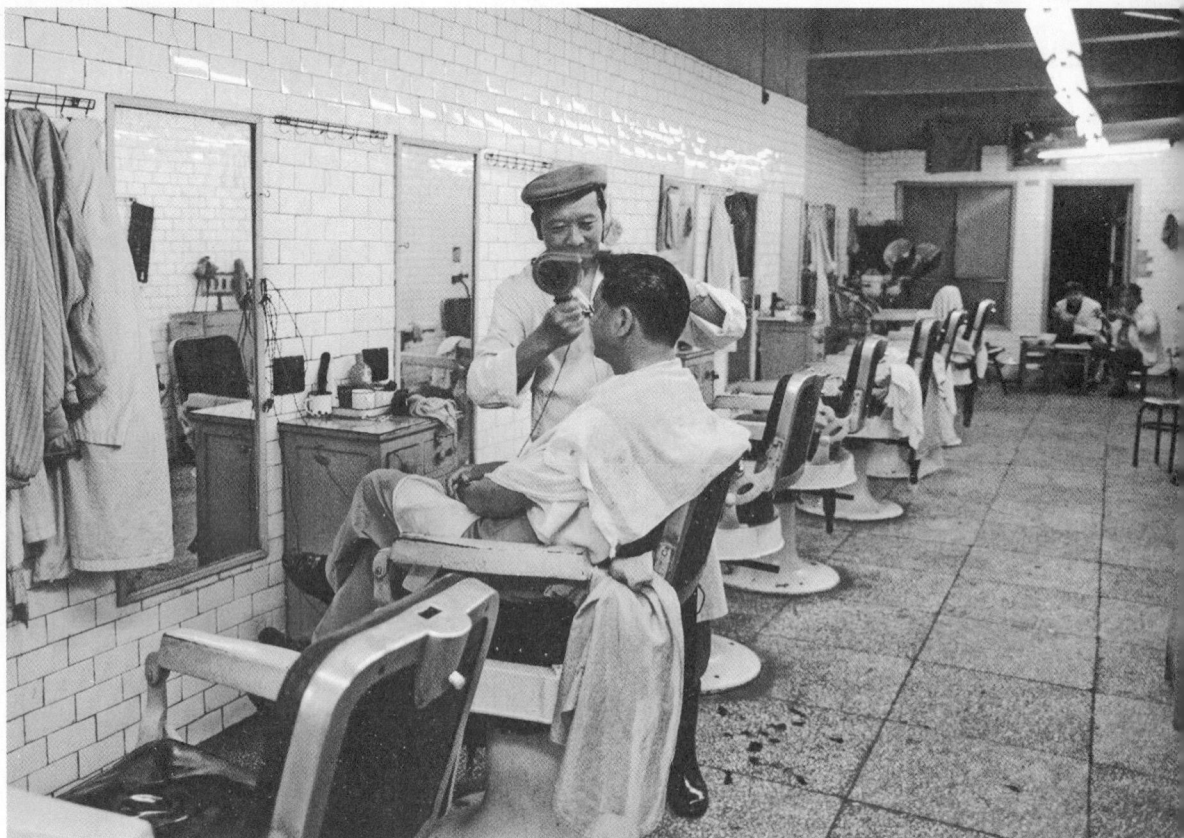

服务社浴室"、鼎新街"青年会理发沐浴部"等。清末民初，昆明城乡只有"剃头铺"和"剃头挑子"。1919 年，广东人韦文光开办"美生理发室"，最早剪"东洋头"，开昆明新发型之风气。女士烫发也渐渐时兴。至抗战时期，新式理发业在昆明十分兴旺，只要看看那些店铺，便可领略当时的社会风尚：南屏街"明星理发室"、正义路"紫罗兰理发室"、光华街"新乐美发室"、武成路"联邦理发室"、绥靖路"世界美发室"、近日楼"璇宫理发室"……

昆明的照相馆出现较早。1906 年，蒋楦（字范卿）在翠湖开设"水月轩"照相馆，摄影正式传入昆明；后来陆续出现彩云轩、春影阁、二我轩、存真等商业相馆；至 40 年代抗战期间，昆明正

金碧路的理发店

义路、武成路、南屏街及金碧路等处，先后开设子雄、鸿印、中国、丽都、国际、艳芳等 10 余家照相馆。

抗战以前，昆明仅有几家创办于清末民初的旧时书坊，还有商务印书馆云南分馆和中华书局昆明书局。抗战期间，昆明先后开设的新书店、书摊共有 73 家（包括中途歇业和改行的）。大部分集中在光华街、武成路、华山路西路，以及靠近学校区的文林街、青云街、北门街，还有靠近商业娱乐中心的晓东街、正义路、护国路、金碧路、拓东路、劝业场和文庙街等等。

宣统元年（1909 年），清政府在昆明设立大清银行分行，并于 1911 年发行地方货币，这是云南最早的新式银行。1912

北门书屋旧址

年，富滇银行成立。至抗战前，昆明只有几家规模较小的银行。抗战期间，昆明设立的各类金融机构达到空前规模，总计有43家。其中，有中央系统银行、省外银行、云南地方银行共27家，省外钱庄6家；信托机构2家，保险机构8家。南屏街、宝善街、近日楼、金碧路一带，成了名副其实的"银行街"。

一篇《昆明之夜》的散文，记录了抗战时期五华街区的景观：

黑静的广场上，一盏暗红的灯火透露着，那是一个唱"云南花灯"的卖唱者的灯，灯光四周，已围了一圈的人了。听听吧，那一支胡琴的颤抖声里，正流溢着令人难受的哀怨呢！听听那帐幕里传出的喇叭吧，那是一个马戏团，它的帐幕外，却是永远冷清着呢！或是朝那冲天的灯光下的人群挤过去吧，那是"晓东街"，一条不长不短的，却是昆明最热闹的街，那里都是精巧玲珑的商店，即使读读那些商店的名字，也会给人一种不平凡的感觉呢！……笑声，摩托声，咒骂声，女人们的尖笑声……新式的服装，炫目的颜色，浓厚的口红，流动的目光……那里有的是电影院、服饰店和西餐厅，数不清的奢

❶ 南屏步行街《照相》情景雕塑

❷ 南屏步行街《卖吆喝》情景雕塑

位于南屏街西口的昆明银行旧址

华哦……那么，从"晓东街"挤过去，你又在较开阔的街面走，你可以吸着凉润的夜的空气，在一些卖菠萝和香蕉的安南女人附近逗留一些时候，再沿着人行道慢慢踱去。

城乡集市　难得消磨

在菜市场排队买蔬菜的市民

昆明城区一直有多个农贸市场，昆明人称"菜街子"。

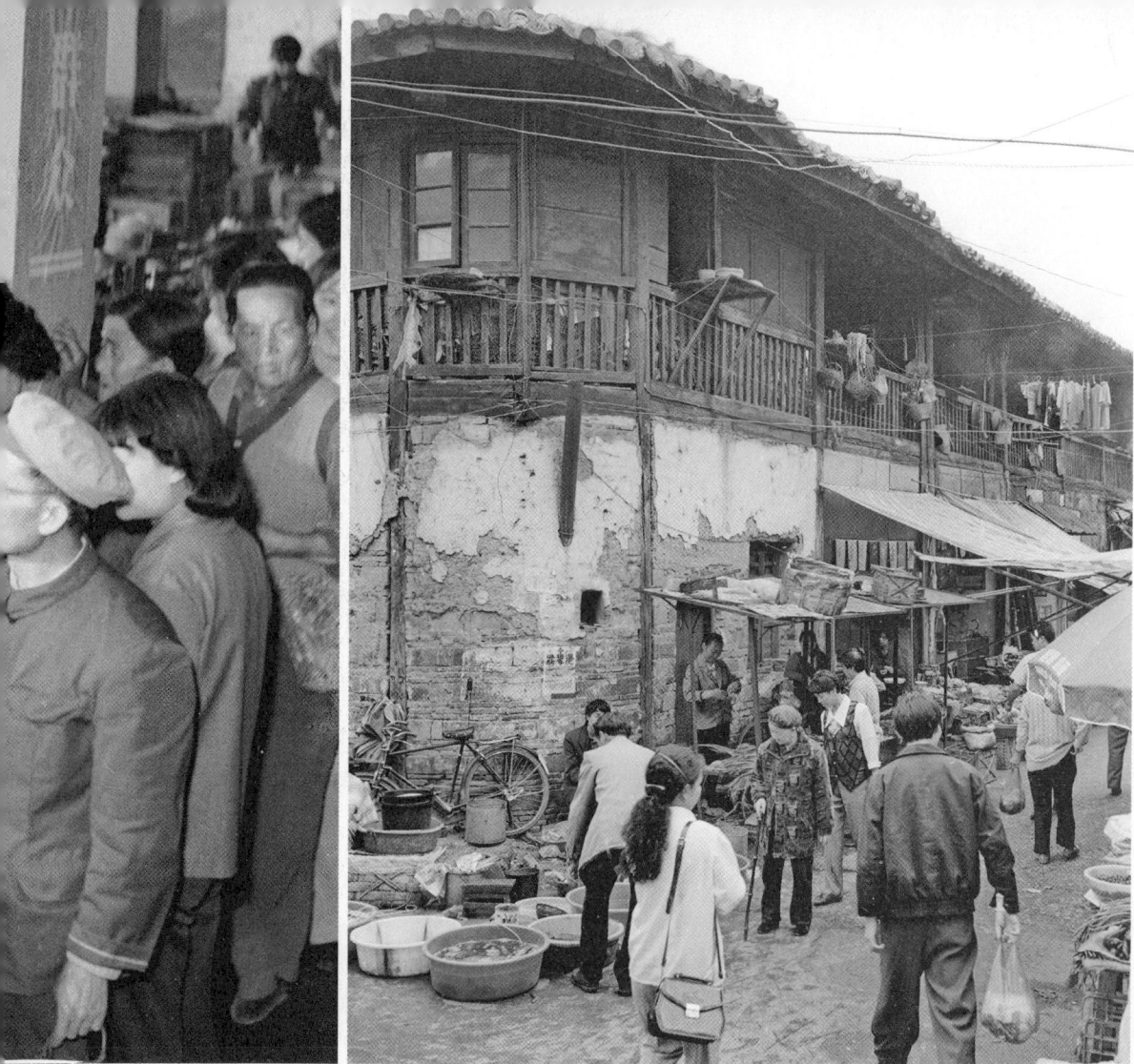

云津市场

1922 年市政公所拟定"市政计划大纲"，在市区内划定 18 个市场。即旧藩署前市场、护国门市场、大南城市场、文明街市场、劝业场市场、螺峰街市场、楚姚镇巷口市场、蒲草田市场、府甬道街市场、八省会馆市场（今水晶宫附近）、双眼井市场、小西门外马路口市场、大西门外市场、云津市场、东寺街市场、塘子巷市场、打草巷市场（今临江里）、米厂（心）市场。该"市政计划大纲"云："本市现有市场，除旧藩署前、劝业场侧、小南门、乐丰街等处外，其余概未设置。致贩卖菜蔬、果品、肉食者流随处露天陈设，妨害所及，除阻碍交通外，一遇天气阴雨，则贩卖者因故裹足，购买者更嫌其艰难。

且菜蔬食品之中，有或被日光曝晒变味，或为雨水淋漓褪色，营其业者大受其苦况。"当时的市政当局，曾制定计划，打算把这些市场做一番"提升改造"。这 18 个市场，大多在今五华区内，也都存在了很多年头，有的直到 21 世纪开始，才最后消失或"变身"。

所谓"旧藩署前市场"，就是曾被官方命名为昆明"第一菜市"的威远街市场。"藩署"，即"布政使衙门"，又称"藩台衙门"。布政使是管一省民政和财政的从二品红顶高官，是一省的第三把手，其衙门前为何成了菜市？据《昆明市志长编》所载，这是因为南正街三牌坊段曾经形成菜市，"终日人声鼎沸，轿马拥挤，警察用警棍驱逐，不能维持交通"。光绪三十四年（1908 年）沈秉堃由臬台（按察使）升任藩台，"叫三牌坊菜市搬到藩台衙门辕门口，通叫藩台衙门市场"。于是，威远街市场就成了昆明城中心规

海源寺赶街天购买
"福"字的市民

模最大、货品最全、人气最旺的"菜街子"。昆明老百姓讲买菜，往往说"去藩台衙门"。有些不识字的，则误称为"房条衙门"。1924 年编纂的《昆明市志》载："市内现有菜市，凡十余处，已建房舍者，有旧藩署、劝业场、护国门、乐丰街等处……尤以旧藩署菜市最为宏敞，内分为小菜市、猪肉市、牛肉市、羊肉市、鸡鸭及鸡鸭蛋市、鱼市、豆腐豆菜及咸菜市等。" 威远街菜市持续了很多年，二十世纪六七十年代曾经一度沉寂，改革开放后又重新繁荣起来。直到 90 年代威远街拆迁改造，"第一菜市"的名头，才让位于"篆新农贸市场"。

昆明郊区以及各区县，则有很多"乡街子"。四方八面的乡亲，以及远道而来的商贩，会按约定俗成的"街期"前来"赶街子"。有名的"乡街子"，往往万人云集，川流不息。如

在大普吉乡街子上
选购小鸡的老人

若街期恰逢庙会或年节前夕，更是人山人海，热闹非凡。对于城乡百姓，"赶街子"是一种必需的生活生产方式，也是一种习俗和享受。随着城乡建设的变迁，许多传统的"老街子"消失了，许多"新街子"又自然形成。老百姓要吃要喝，要买要卖"讨生活"，集贸市场，难得消磨。现今五华区境内，还有黑林铺、大普吉、厂口、海源寺等历史悠久而规模较大的"乡街子"。

黑林铺农贸市场"资格"最老，大约形成于明朝万历年间，距今已有五六百年。这里是昆明通往滇西的交通要道，明初置"黑林堡"，为军屯之地，并负有驿传寄递之责。清代改称"黑林铺"。因地处交通要冲，又是人群聚居之地，渐成集市。早期的街场在黑林铺村沙地，1957年后，街场移至当时的团山乡政府宽坝内，随着规模扩大，逐渐形成以昆富、滇缅公路要道为市，既阻塞交通，又影响市容。1985年后，政府投资修建农贸市场，占地约 1.2 万平

带着孩子逛大普吉乡街子的妇女

方米。开业以后，有本地和官渡、易门、宣威等地的居民和商贩，前来经营鸡、鸭、猪、鱼、蔬菜、水果、豆腐、火腿等食品，还有四川、湖南、江苏、浙江人来贩卖布料和开服装缝纫店。赶街人数往往超过万人。

大普吉农贸市场形成于清咸丰年间，至光绪年间日益兴旺。这里是通往富民、武定、禄劝乃至川、康的"皎平驿道"和"西昌驿道"的落脚点，街场周边设有马店、客店、茶铺、饭馆及土杂百货铺。以十二生肖排列的牛、羊日为街期。20世纪80年代后，改为逢三、八日为街期，并将街场迁至新建的普吉乡广场。赶街群众及商贩来自厂口、沙朗、龙庆及富民、嵩明、呈贡等地，规模达3000多人。

距离昆明主城区约28公里的厂口集市"资历"最浅，是1940年左右才开辟。因历史上该地曾设厂开矿，又为交通必经之地，故称"厂口"。集市设于厂口村旁，附近有供销合作社、信用社、邮电所、粮管所和学校等。并有道路与昆明—沙朗—散旦相连。集市上，有大米、杂粮、蔬菜、水果、家禽、牛、马、猪、羊及木料、席子、竹篾、零食、糕点、小百货、农具等各色商品。20世纪80年代，将街期确定为每月逢三、

八之日。赶街人数每每超过上千人次。在原厂口乡政府院内，有雕造于 1942 年的两块石碑，其一为"创设厂口街场碑记"，另一块系由今人赵厚堂撰写的"云南省昆明实验县政府核准创设厂口街场历史"碑，对于了解厂口社会经济发展颇多助益。

致力实业　功绩永存

在今五华区内，近代以来，曾经涌现出一批又一批的工商企业，以及一批又一批优秀的工商企业家。世事沧桑，时光流逝，这些工商

创设厂口街场碑记

中药店

企业很多已经消失或重组改建，那些优秀的企业家也基本作古谢世，但是，他们致力于发展实业，振兴经济，为桑梓社会做出的贡献，永远留在人心青史。

在光华街与文明街交叉口的"八面风"，"福林堂"古色古香的门店还保存完好。这家创办于清咸丰七年（1857年）的中药店，是昆明地区现存历史最悠久的"中华老字号"。福林堂创办人李氏一门，几代卖药行医，既能切脉开方诊疗，又深通中药的采购、经销、炮制和修合，以至当时多家经营山货药材生意的药店，收购贵重药材都要请福林堂代为鉴别，并乐意把收购的贵重药材卖给福林堂。福林堂在历来的经营活动中，十分重视药品质量和商业信誉，配方严格遵守医嘱，绝不代用、假冒，在业界和市民中赢得良好的声誉。近代活跃于法国及东南亚国家的"云兴昌"大商号，曾专门派人到福林堂来学习药品鉴别技术，并把在东南亚各国收集到的贵重药材通过福林堂销往内地，又把云、

福林堂

贵、川、广等地的地道药材出口外国。

昆明的民族工商企业家大多拥有强烈的爱国心和公德心。1935年，为了"提倡国货，挽回权利"，昆明回族企业家马筱春，受缪云台先生委托，在昆明文庙举办大规模的"国货展览会"。全国许多厂商云集昆明，盛况空前，轰动全城全省，打开了国货经销的局面。1936年4月，又在正义路威远街口，成立专门经销国货的"昆明中国国货股份有限公司"。当时的社会舆论认为国货公司有四大特点：开辟了两层楼营业厅；聘用女职员新开风气；价格公平；有货有价，标价清晰。这在当时的昆明，均为首创。

1937年上半年，缪云台、马筱春以及上海国货界王志莘、吴蕴初、王性尧等在越南河内举办"中国国货展览会"，展出上海各大厂家各种工业品，以及云南的土特产及矿产品等。展览会后，打开了国货外销的门路，影响扩大到东南亚各国。1937年5月，中国国货联合营业公司在上海成立，马筱春被推举为该公司监察人。该公司及全国各地的国货公司宣传"中国人用中国货""提倡国货，挽回权利"，对振兴和发展民族工商业，抵制外货，贡献突出。在日本占领越南后，马筱春又成立"国泰运输行"，承办滇缅及湘、桂、蓉、渝等线的公路运输，协助解决抗日后方物资调运困难紧张的状况，发挥了"繁荣后方，支援前线"的重要作用。抗战以后，马筱春担任中国国货联合营业公司与昆明国货公司成立的"中越运输公司"

的总经理，抢运当时西南各省在越南大量待运的物资。

刘淑清是昆明著名的女企业家。1928 年以后，丈夫惨遭杀害，家遭厄变，她毅然挑起抚育三个孤女的重任，将开设在昆明正义路的大华交益社办得井井有条，生意兴隆。抗战以后，又先后开办西南大旅社，汇通汽车材料行等企业。1940 年4 月，她主持创办的南屏电影院在晓东街隆重开业。该影院由著名设计师赵森设计，上海著名建筑企业陆根记施工建设。有 1400 个座位，建筑宏伟，设备先进，管理先进，深受当时各界人士和市民的喜爱，生意十分红火，被誉为"远东第一影院"。最难能可贵的是，刘淑清有高度的正义感、社会责任感和爱国情怀。1932 年—1933 年，白色恐怖最为猖獗，她敢于出面去狱中探望并保释女共产党员马冰清（地下党云南省委书记、革命烈士王德三夫人）。在战火纷飞的灾难岁月，她创办了"坤维慈幼院"，收养了一批批战时孤儿，并把他们抚育培养成人。在西南联大校舍被敌机轰炸后，她主动介绍联大部分教授、讲师到南菁中学兼课搭伙，以度时艰。西南联大的一些贫困学生，曾得到她的接济，有的被安排到南屏电影院兼做招待员以维持学业。

民国年间崛起的棉布经销织染企业"大道生"，至今还受到人们的怀念和称颂。1924 年，在玉溪街（今顺城街）街头，周自镐创办"大道生"布庄，经销产自玉溪、四川会理等地的土布。由于价格公道、经营诚信，其经营屡克难关，蒸蒸日上。1926 年以后，周自镐学业有成的

刘淑清：昆明著名的女企业家

两位儿子周作霖、周作孚投身布庄经营。他们深入玉溪农村的织户中，全身心地参与了玉溪土布的改进。他们派出技术人员进村入户，传授新的织布技术；后来又从四川引进新型织机，在玉溪分发推广。通过户带户、村带村，使全县织户都用上了新织机，出布率因而提高一倍，质量显著提高。

"九一八"事变之后，周氏父子为提高货品质量，振兴国货经营，在复兴村83号创办"庸民织染工厂"，又在玉溪北城相继建起8个织染分厂，实现自织、自染、自产、自销。由于讲究质量、管理有方、诚信经营，"大道生布"很快畅销全省以及四川、贵州的部分地区。在朋友的帮助下，经过多方努力，又成功制成"阴丹士林布"。至1940年，"大道生布"成为誉满省内外的名牌产品。当时，学校做校服，居家娶媳妇，往往采用大道生布料。大道生的发展也为玉溪民众带来实惠。一般织布妇女，每月能挣20多元，可以维持两三个人的基本生活。收入最高的，可以拿到80元。大道生与玉溪民众相互支持，互惠互利，成为云南经济史上的佳话。抗日战争时期，"大道生"在林家院开辟织染基地，市区的生产逐步迁往郊区，半机械化的生产也逐步过渡到电动生产。20世纪50年代"公私合营"后，大道生在复兴村的厂区，成为"云南毛巾厂"；林家院厂区成为"云南绒布厂"。

"大道生"的工资制度是计件与计时相结合，工资与奖金相结合，工人的收入得到保证。在生活上，强调办好伙食，让工人吃饱吃好。昆明和玉溪厂内都聘请了很好的中西医生，工人在厂里生病，吃药不花钱。还举办工人夜校，教工人识字读书。"大道生"还做了很多公益事业。如，1938年周作霖创办峨岷小学，1941年又办峨岷中学。这两所学校，后来改编成昆明市拓东第一小学和昆明市第十二中学，至今都是昆明市著名的优质学校。

后　记

　　经过大家一年多的共同努力和艰辛创作，《文化昆明·五华》终于尘埃落定。这本阐述五华文化内涵与发展的新读本，力求以新的角度、新的视野、新的笔触对昆明文化进行一次新的解读。由于描述五华文化的书籍已经出版过很多，怎样为文化五华写出新内容、新的篇章，这的确是本书编委会面临的一个新挑战、新课题。

　　这个读本，主要从五华区的历史沿革、文化风情入手，重点叙述了五华区厚重、辉煌的城市发展史，从政治、经济、文化等多个方面进行切入，重点描述了五华区作为云南省委、省政府所在地"滇云首府"的历史，力图通过缜密的考证和描绘，让我们看到五华区成为"滇云首府"的所在地为什么是经过千百年来的历史选择。本书还重点描述了五华区教育、街市的历史人文，资料翔实，论述精当，由于五华区在昆明市甚至云南省的历史地位，五华区的教育史，也可以看作是云南省、昆明市的微缩版教育史，我们通过阅读它，了解它，对于今天的教育，可以起到重要的启示作用。

　　当然，五华区历史悠久而厚重，人文风采绮丽无比，一本书是不可能什么都兼顾到的。由于策划与选取角度的不同，加上篇幅的限制，《文化昆明·五华》对于五华区文化的内容，诸如国家级、省级、市级、区级包括重要历史文化保护建筑等各级重点文物保护保护单位的介绍；五华区辖区内重要历史人物，如在五华区历史上留下重要影响的明代著名政治人物傅宗龙、出生于昆明五华区的中华人民共和国国歌的作曲者聂耳以及从讲武堂、西南联大涌现出来的大量优秀历史人物的介绍以及五华区的非遗工作等等，都未能一一详细涉及；文化的内涵极其丰富，昆明市区划后并入五华区的一些地区，其文化的挖掘与宣传，也都是新的课题……这些文化的解读与梳理，我们留给明天，也留给希望。

全书的写作，由全书编委会进行了安排和分工，高旗、金子强负责"五华山水"章的撰写，李永顺和雷强分别撰写了"滇云首府"与"繁华市阛"篇，朱端强、杨亚东则写作了介绍五华教育的"腾蛟起凤"章，郑千山撰写了前言和后记。出于对全书风格的统一，全书最后又由朱端强进行了统稿。

在历时一年多收集整理资料的过程中，得到了区人大、区政协、区委党史研究室、区文化艺术界联合会、区教育体育局、区民族宗教事务局、区商贸和投资促进局、区民政局、区图书馆、区文物管理所等单位的大力支持。

昆明在发展与建设中，五华也在发展与建设中，文化自信始终是一切发展与建设的根本，我们相信并期待，作为云南、昆明政治、经济、文化的"首善之区"，五华区的未来：明天会更好！

《文化昆明·五华》编委会

2020年

云南省教育厅 颁布

云南省普通高中
学业水平标准

与考试说明

ISBN 978-7-5489-3974-0

9 787548 939740 >

定价：8.00元

绿色印刷产品